Actual Editora
Conjuntura Actual Editora, S. A.

Missão

Editar livros no domínio da Gestão e da Economia e tornar-se uma editora de referência nestas áreas. Ser reconhecida pela sua qualidade técnica, **actualidade** e relevância de conteúdos, imagem e *design* inovador.

Visão

Apostar na facilidade e compreensão de conceitos e ideias que contribuam para informar e formar estudantes, professores, gestores e todos os interessados, para que, através do seu contributo, participem na melhoria da sociedade e da gestão das empresas em Portugal e nos países de língua oficial portuguesa.

Estímulos

Encontrar novas edições interessantes e **actuais** para as necessidades e expectativas dos leitores das áreas de Economia e de Gestão. Investir na qualidade das traduções técnicas. Adequar o preço às necessidades do mercado. Oferecer um *design* de excelência e contemporâneo. Apresentar uma leitura fácil através de uma paginação estudada. Facilitar o acesso ao livro, por intermédio de vendas especiais, *website, marketing,* etc.

Transformar um livro técnico num produto atractivo. Produzir um livro acessível e que, pelas suas características, seja **actual** e inovador no mercado.

Desempenho elevado com elevada integridade

Actual Editora
Conjuntura Actual Editora, S. A.
Rua Luciano Cordeiro, 123 - 1º Esq.
1069-157 Lisboa
Portugal

TEL: (+351) 21 319 02 40
FAX: (+351) 21 319 02 49

Website: www.actualeditora.com

Título original: *High Performance with High Integrity*
Copyright © 2008 Ben W. Heineman Jr.
Autor: Ben W. Heineman Jr.
Edição original publicada por Harvard Business School Publishing Corporation
Publicado segundo contrato com Harvard Business Press

Edição Actual Editora – Março de 2010
Todos os direitos para a publicação desta obra em Portugal reservados
por Conjuntura Actual Editora, S. A.
Tradução: Mariana Beleza Tavares
Revisão: Marta Pereira da Silva
Design da capa: Brill Design
Paginação: Guide – Artes Gráficas
Gráfica: Guide – Artes Gráficas
Depósito legal: 306062/10

Biblioteca Nacional de Portugal - Catalogação na Publicação
HEINEMAN JR., BEN W.

Desempenho elevado com elevada integridade (Conceitos actuais; 11)
ISBN: 978-989-8101-75-4

CDU 005
    658

Nenhuma parte deste livro pode ser utilizada ou reproduzida, no todo ou em parte, por qualquer processo mecânico, fotográfico, electrónico ou de gravação, ou qualquer outra forma copiada, para uso público ou privado (além do uso legal como breve citação em artigos e críticas) sem autorização prévia por escrito da Conjuntura Actual Editora.

Este livro não pode ser emprestado, revendido, alugado ou estar disponível em qualquer forma comercial que não seja o seu actual formato sem o consentimento da sua editora.

Vendas especiais:
O presente livro está disponível com descontos especiais para compras de maior volume para grupos empresariais, associações, universidades, escolas de formação e outras entidades interessadas. Edições especiais, incluindo capa personalizada para grupos empresariais, podem ser encomendadas à editora. Para mais informações, contactar Conjuntura Actual Editora, S. A.

Como estabelecer uma cultura de responsabilização
e de ética na sua empresa

Desempenho elevado com elevada integridade

Ben W. Heineman Jr.
(antigo executivo da GE)

www.actualeditora.com
Lisboa — Portugal

ÍNDICE

1. A base da empresa	9
2. Fundir desempenho elevado com elevada integridade	15
3. Princípios e práticas fundamentais	27
4. As questões mais complexas	85
5. O papel bem dimensionado do conselho de administração	121
6. Construir a base	133
Notas	147
Agradecimentos e dedicatória	163
Sobre o autor	165

I. A BASE DA EMPRESA

Numa era caracterizada pela rápida mudança, pela deslocalização da economia e, demasiadas vezes, por escândalos muito publicitados, há uma questão-chave que se tem tornado cada vez mais urgente. É uma questão colocada não apenas pela comunicação social e pelos governos, mas também por líderes de empresas de todo o mundo.

Qual *é* o papel adequado dos negócios?

Este livro procura dar uma resposta a esta questão. De uma forma simples, defende que as empresas actuais devem esforçar-se por fundir desempenho elevado com elevada integridade – os dois objectivos do capitalismo.

Este contexto requer algumas definições.

Desempenho elevado significa:
- Crescimento económico forte e sustentável;
- Baseado em produtos e serviços de qualidade superior e fornece benefícios duradouros, quer aos accionistas, quer aos outros *stakeholders*.

Elevada integridade significa:
- Um respeito consistente por parte da empresa pelo espírito e pela letra das normas financeiras e jurídicas formais;
- Adopção voluntária de princípios éticos globais, que levam a empresa e os seus colaboradores a agir no interesse próprio e esclarecido da empresa;

---

* **Nota da Tradutora (N. T.)** Partes interessadas.

- Compromisso dos colaboradores para com os valores fundamentais de honestidade, franqueza, justiça, seriedade e confiança - valores que inspiram a criação e a distribuição de produtos e serviços e guiam relações internas e externas.

Nas páginas seguintes, explico *por que motivo* o desempenho elevado com elevada integridade é um factor de importância determinante e por que motivo apenas o CEO pode combinar estes dois aspectos de forma eficaz. (Ver os Capítulos 2 e 6).

As empresas com desempenho elevado colocam os colaboradores sob pressões financeiras constantes para aumentar o resultado líquido, o *cash flow* e o preço das acções – pressões que, quando não são regidas por uma elevada integridade, conduzem muitas vezes a corrupção. Entretanto, as grandes alterações a nível de legislação, regulamentação, expectativas dos *stakeholders* e escrutínio dos *media* durante a década passada podem agora fazer com que uma grande falha na integridade não seja apenas prejudicial, mas realmente devastadora. O CEO é despedido sofrendo uma perda total de respeito. Milhares de milhões são gastos em multas, penalizações e negócios perdidos. Nos piores casos, a empresa simplesmente implode.

Fundir um desempenho elevado com uma elevada integridade reduz estes riscos. Pode proteger a empresa e os seus *stakeholders* de perdas sucessivas e catastróficas.

Mas fundir um desempenho elevado com uma elevada integridade não tem que ver apenas com evitar os males. Confere igualmente benefícios fortes e positivos à empresa: internamente, no mercado e na sociedade em geral. Acaba por criar uma confiança fundamental por parte dos *stakeholders*, dos credores, dos colaboradores, dos estagiários, dos clientes, dos fornecedores, dos reguladores, da comunidade e do público em geral. Esta confiança é necessária para apoiar o enorme poder e liberdade das empresas (mesmo sob a regulamentação actual) para alocar capital, contratar e despedir colaboradores, aumentar a produtividade, investir em novos locais e comunidades, e inovar com novos produtos e serviços.

Isto não é um capricho ou algo interessante de se ter. Não é uma iniciativa que é a última tendência da moda. A fusão de um desempenho elevado com uma elevada integridade representa a base da empresa.

Mas *como* podem os CEO atingir esta fusão tão importante no contexto de uma empresa global e complexa? Procuro também responder a esta questão, baseado na minha experiência de quase 20 anos como membro da equipa de gestão sénior da GE. Forneço uma série de pequenos comentários que evidenciam os problemas difíceis do mundo real, aos quais dou resposta utilizando oito princípios fundamentais e práticas-chave relacionadas (ver Capítulos 3 e 4).

Se um CEO precisa de orientação relativamente a algum aspecto do desempenho estratégico ou financeiro, pode obter grande ajuda no mercado. Existem literalmente uma "enchente" de livros e artigos disponíveis sobre estes assuntos. Ao mesmo tempo, há um menor – mas ainda assim respeitável – *fluxo* de livros e de artigos sobre ética e integridade empresarial. Mas a literatura de "desempenho" raramente inclui uma dimensão de integridade e a literatura de ética empresarial tende a apresentar directrizes globais sem se dedicar às realidades fundamentais da organização – sem descrever como as questões de integridade têm de ser encaixadas nas operações, sistemas e processos dos negócios.

Este livro procura relacionar ambas as dimensões. Imaginei que tinha uma manhã (e *apenas* uma manhã) para fazer um resumo ao CEO e a outros membros da liderança de topo de uma empresa sobre como fundir o desempenho com a integridade. Tentei evitar referências vagas e detalhes aborrecidos para equilibrar a análise necessária com exemplos breves e manter as minhas recomendações práticas e realistas. Mais importante, pretendo que os CEO ultrapassem o lugar-comum da "comunicação do topo" e que impulsionem uma cultura forte de desempenho e integridade em toda a empresa: através de uma liderança segura que expresse a visão e os valores e de uma gestão eficaz que inclua os princípios e as práticas de integridade nas operações de negócios.

Procurei também introduzir esta discussão em debates alargados sobre empresas, que estão actualmente a acontecer nos gabinetes onde se lidera e por todo o mundo – e mudar o enfoque destas controvérsias:

- **O debate sobre a governação das sociedades empresariais.** Se queremos realmente fundir desempenho elevado com elevada integridade, devemos concentrar-nos muito mais na "terceira dimensão" da governação – como o CEO gere, de facto, a empresa – em vez de na relação accionista/empresa e na relação membro do conselho de administração/gestão.

- **O debate sobre o pagamento de acordo com o desempenho.** Defendo que os conselhos de administração devem adoptar uma nova "especificação para o CEO" nas decisões de sucessão (e de desenvolvimento de gestão) que se concentre não apenas na integridade pessoal, mas também na capacidade e experiência do executivo para fundir desempenho elevado com elevada integridade. No mesmo sentido, devem conceber sistemas de compensação para CEO e outros líderes de topo que não favoreçam apenas o "pagamento de acordo com o desempenho" mas o pagamento de acordo com o desempenho com integridade.

- **O debate sobre maximizar o valor para o accionista/ responsabilidade social da empresa.** Os elementos básicos de uma "cidadania empresarial" são um desempenho elevado e elevada integridade que reconhecem que os interesses de longo prazo dos accionistas são satisfeitos pela resposta responsável às preocupações dos restantes *stakeholders*. Tanto os que se concentram exclusivamente nos accionistas como principalmente nos *stakeholders* estão errados.

- **O debate sobre a "ética empresarial".** As decisões éticas (por exemplo comprometer-se ou não voluntariamente para com padrões globais) não nascem de uma moralidade abstracta, mas de uma avaliação custo/benefício do mundo real, que inclui a história, a cultura e a missão da empresa e um conhecimento daquilo que é vantajoso para a mesma. Simultaneamente, essa análise tem de reconhecer que os "custos" da integridade são investimentos que trazem benefícios com o passar do tempo – benefícios que não são medidos apenas por números, mas também por boas decisões e bom senso.

Espero que este livro, por se concentrar neste tipo de questões do mundo real, se mostre útil não apenas a CEO e líderes seniores, mas também a membros do conselho de administração e a todos na comunicação social, no Governo, nas organizações não governamentais (ONG) e no público em geral que procuram avaliar se uma determinada empresa está a cumprir a sua obrigação fundamental de ter um desempenho com integridade.

Deixem-me adicionar uma nota pessoal a este capítulo.

Estes pensamentos resultam da experiência de uma vida em grandes instituições públicas e privadas. Beneficiei muito de conversas com líderes de topo da comunidade empresarial global. Espero que este livro ofereça ideias inter-relacionadas para aplicação alargada em empresas grandes e pequenas.

Mas, sem surpresa, escrevo acima de tudo na perspectiva de um colaborador sénior da GE e muitos dos meus exemplos têm por base esta experiência. E escrevo com um sentido de humildade, enquanto membro de uma talentosa e empenhada equipa da GE. Mas escrevo com humildade também noutro sentido. Não quero dizer – ou ser interpretado como estando a dizer – que a GE sempre foi bem-sucedida. Não é verdade. Cometemos erros graves. Tivemos falhas de integridade importantes no nível de topo. Nem todas as ideias foram acolhidas e implementadas. Os líderes da GE sabiam que havia muitas áreas a melhorar. A experiência da GE apenas inicia um debate importante; está longe de o terminar.

Mas acredito que a gestão sénior da empresa se preocupou com estas coisas. Que tentou agir da forma correcta. Dedicou tempo, esforço e recursos a enfrentar o desafio desempenho/integridade numa empresa muito grande, altamente complexa, diversificada, com negócios em mais de cem países, com linhas de produto tão vastas quanto a economia mundial, receitas de aproximadamente 200 mil milhões de dólares, um resultado líquido e *cash flow* na ordem dos 20 mil milhões e com centenas de milhares de colaboradores. Em resumo, procurou agir correctamente numa empresa com desempenho elevado, muito ambiciosa e empenhada, que se confronta com milhares de implicações de integridade nas suas acções diárias.

Não anulámos a natureza humana, mas procurámos reduzir ao mínimo as acções indevidas. Foi uma tarefa realizada com boa-fé, que envolvia a maioria dos colaboradores durante a maior parte do tempo, numa instituição muito humana.

2. FUNDIR DESEMPENHO ELEVADO COM ELEVADA INTEGRIDADE

O capitalismo global tem de enfrentar com honestidade um problema fundamental de integridade: o desempenho elevado tem no seu núcleo forças fundamentais que, se não forem limitadas, derivam na corrupção empresarial.

As empresas com um melhor desempenho aplicam uma pressão interna contínua sobre os seus colaboradores para atingirem determinados objectivos financeiros a nível de resultados líquidos, *cash flow* e preço das acções. E existem também outros objectivos que podem representar um factor determinante: atingir determinada rendibilidade do investimento, do património ou de activos; alcançar objectivos de vendas ou serviços; cumprir os prazos de desenvolvimento e de lançamento de produtos; e conquistar aumentos de produtividade, para referir apenas alguns.

A pressão conduz a mais pressão. "Esticar os objectivos" pode fortalecer ilegitimamente os números. O objectivo explícito "era positivo atingir" torna-se um implícito "tem de se atingir".

Os incentivos pessoais são impulsionados por "conquistar os números" e podem criar tentações contínuas. Colaboradores de todos os níveis podem sentir que os seus bónus e promoções – e talvez a sua segurança no trabalho – dependem de falsificar as contas, inventar atalhos, retirar passos do processo ou ainda pior.

As maiores empresas globais enfrentam pressões externas, que criam também tentações implícitas. Muitos mercados fora dos EUA – da Rússia ao Brasil, do Médio Oriente à Ásia – sofrem com os seus fracos sistemas jurídicos, corrupção endémica e conflitos de interesses permanentes. Contudo, estes mercados são uma fonte determinante de crescimento para as empresas globais. Quer o crescimento seja orgânico ou proveniente de aquisições, os novos colaboradores são predominantemente locais. E não é de surpreender que muitas vezes esses indivíduos venham de contextos culturais e de negócios que tolerem práticas intoleráveis para uma empresa transnacional, como suborno, contabilidade pouco rigorosa e canalização de negócios para os membros da família.

Por outro lado, na maioria destes países, lidar com o Governo é parte importante dos negócios, porque o Estado define os mercados, obtém bens e serviços, taxa os rendimentos e toma inúmeras outras decisões que podem afectar o desenvolvimento da empresa. A extorsão oficial e a apropriação indevida são reais e um perigo em locais onde o sistema jurídico é, no mínimo, ténue.

Também os clientes locais podem pedir às empresas que contornem ou quebrem as regras para facilitar as próprias relações dos clientes com o sector público ou privado. Da mesma forma, a utilização de uma terceira parte como distribuidora pode ser uma necessidade local ou regional, mas tende a levantar um conjunto de questões legais e éticas. E com a intensificação das cadeias de abastecimento globais, as multinacionais têm de se preocupar cada vez mais com as práticas financeiras, jurídicas e éticas dos seus parceiros de aprovisionamento.

Estas pressões externas, se não forem restringidas, podem também corromper o capitalismo. E a combinação destas pressões externas com as próprias pressões internas da empresa podem ser uma infusão particularmente tóxica.

A solução: o CEO fundir desempenho elevado com elevada integridade

Na GE, vivi com estas tensões e pressões durante quase 20 anos. A lição básica que aprendi: acredito que a função principal do CEO é canalizar adequadamente as pressões financeiras ao fundir desempenho elevado com elevada integridade – por outras palavras, desenvolver sistemas, processos e práticas construídos sobre princípios claramente articulados e baseados, em última instância, numa cultura de desempenho com integridade.

O que caracteriza esta cultura? Motiva através de valores, normas, incentivos, penalizações e processos transparentes. Não procura apenas afastar as pessoas de um comportamento negativo através de ameaças de descoberta e castigo. Procura igualmente desenvolver e recompensar os colaboradores que reconhecem, valorizam e são o exemplo de integridade. Ao combinar a recompensa e o castigo, impulsiona um desempenho exigente construído sobre uma integridade inflexível, quer em pequenas empresas ou em grandes empreendimentos globais.

A discussão dos últimos dez anos sobre a governação das sociedades empresariais não tem abordado um ponto fundamental: apenas o CEO pode, de forma positiva, criar uma cultura e levar à fusão do desempenho elevado com elevada integridade. É verdade que os reguladores, os guardiães externos e os membros do conselho de administração desempenham papéis importantes, principalmente ao fornecer orientações e regras de limitações de poder. Mas é o CEO e a liderança sénior que o tornam realidade.

Para melhor compreender, vamos rever alguns conceitos básicos. A governação das sociedades empresariais tem três dimensões:

- A relação entre os accionistas e a empresa.
- A relação entre os membros do conselho de administração e a liderança de topo.
- A relação entre esses líderes e os colaboradores.

O primeiro ponto refere um tema essencial da governação: quais devem ser os poderes dos accionistas, do conselho de administração e dos líderes da empresa no estabelecimento de estratégias comerciais e na conquista do desempenho económico? Apesar de este não ser o meu enfoque principal, é evidente que as pressões económicas de curto prazo por parte de diferentes tipos de accionistas activistas aumentam os riscos para a integridade.

O segundo tema fundamental da governação estabelece os papéis e as responsabilidades dos líderes da empresa e do conselho de administração na conquista de um desempenho elevado com elevada integridade. Na sequência de escândalos cada vez mais classificados sob da designação "Enron"*, esta segunda questão da governação das sociedades empresariais alcançou grande importância no início deste século. Como muitas das acções indevidas da Enron tiveram origem nos líderes de topo da empresa – onde se incluíam, entre outros, Skilling, Fastow, Ebbers, Kozlowski e Rigas – o enfoque de muitas reformas pós-Enron tem sido o aumento do papel e das responsabilidades do conselho de administração e das suas comissões na supervisão do CEO.[1]

De facto, emergiu no meio académico, em *think tanks*, em grupos de verificação de conformidade, na comunidade de investigação, em grupos de defesa dos interesses dos consumidores e na comunicação social uma indústria de governação em pleno, concentrada no papel do administrador. (Tenho a certeza de que um administrador motivado pode, até ao resto da sua vida empresarial, encontrar por semana pelo menos um seminário relevante para ir!) O conselho de administração desempenha um papel essencial na escolha, compensação e avaliação do CEO e de outros líderes de topo da empresa. E assume um papel determinante na definição da agenda da empresa, na identificação dos riscos e das oportunidades fundamentais e no fornecimento de aconselhamento e supervisão relativamente a essas questões estratégicas fundamentais.

---

* **N. T.** A Enron Corporation era uma empresa norte-americana de distribuição de energia que, em 2000, foi alvo de um dos maiores escândalos mundiais de manipulação contabilística, que ditou a sua falência.

Mas parece-me que é igualmente importante que o conselho de administração crie novas especificações para a selecção do CEO que incluam o desejo, a capacidade e a experiência em fundir desempenho e integridade. E, finalmente, tem de desenvolver planos de compensação para o CEO que não recompensem apenas de acordo com o desempenho, mas sim de acordo com o desempenho com integridade. (Ver Capítulo 5.)

Apesar de todos os escândalos, debates e reformas, um dos factos mais básicos da vida das empresas permanece inalterado: o conselho de administração não pode gerir ou liderar a empresa. Esse é o trabalho do CEO e dos restantes líderes de topo. Isto é especialmente importante quando envolve a tarefa de base que é fundir um desempenho elevado com uma elevada integridade. Um conselho de administração que se reúne apenas oito a dez vezes por ano não pode realizar o trabalho pesado e complexo do dia-a-dia. Nem de perto: as questões de governação mais profundas, importantes e decisivas relativas à integridade são responsabilidade da liderança sénior, a partir do CEO. Como pode este motivar uma cultura exigente de desempenho com integridade por toda a empresa? As minas de integridade que podem explodir na cara da empresa não estão enterradas no escritório principal; pelo contrário, podem ser encontradas em todos os cantos da empresa.

Muitas empresas estão actualmente a tentar conquistar um desempenho com integridade a um nível operacional. Os seus CEO têm de liderar no exterior, não apenas no interior. Têm de ajudar a deslocar o centro do debate sobre a governação pública do seu actual enfoque obsessivo nas responsabilidades do conselho de administração para uma dimensão mais importante e menos discutida: a governação nas linhas da frente.

Os benefícios de evitar o risco: novas realidades

Num mundo em rápida mudança, um benefício fundamental de fundir um desempenho elevado com uma elevada integridade é reduzir o risco e o custo indesejáveis – evitando o tipo de erro grave ao nível de integridade que teria consequências catastróficas para a empresa.

Estive na GE entre 1987 e 2005. Durante o mesmo período, e particularmente nesta década, houve uma mudança radical nas tendências jurídicas e reguladoras nos EUA – e, cada vez mais, em todo o mundo. No passado, o CEO que exibisse um estilo de liderança confiante e aumentasse os resultados financeiros conquistava muita confiança e admiração. Não acontece o mesmo hoje em dia! Por uma série de razões que vão dos escândalos à globalização, o mundo tornou-se um lugar muito mais céptico, crítico e adverso.

Considere, por exemplo, a "legalização" de normas contabilísticas após os escândalos de engenharia financeira. É claro que a fraude grave ou acções contabilísticas irresponsáveis deviam ser punidas. Mas interpretações contabilísticas de boa-fé que, há várias décadas, teriam sido o tema de uma conversa com o gabinete do chefe de contabilidade da SEC* são agora alvo de um inquérito informal (ou formal) por parte da, agora muito mais importante, divisão de cumprimento da SEC e podem resultar em compromissos de cessação de actividade.[2]

Este é um sinal de tendências reguladoras mais alargadas. Há uma década, os reguladores criariam novas regras, ou clarificariam as ambíguas, através de novas regras administrativas. Este sistema procurava vastas contribuições da parte reguladora e das outras envolvidas e tinha um efeito no futuro: ninguém olhava para o passado. Hoje em dia, os reguladores, impacientes, tentam alterar a lei através de processos de execução contra empresas específicas – e estão tentados

---

* **N. T.** A *Securities and Exchange Commission* (SEC) é a entidade reguladora do mercado de capitais nos EUA. Corresponde à CMVM em Portugal.

a impor sanções legais retroactivas sobre acções passadas feitas de boa-fé, mas agora consideradas "impróprias" de acordo com as novas expectativas e os novos padrões.

Independentemente da perspectiva, esta é uma grande mudança. O Departamento de Justiça e outras agências reguladoras federais, ao procurar criminalizar estatutos reguladores, competem por uma posição com o Procurador-geral do estado. Entretanto, a juntar à mais intensificada obrigatoriedade no cumprimento da lei, imposta pelo Governo, nos assuntos mais tradicionais – *antitrust*, anti-suborno e legislação sobre valores mobiliários –, os reguladores estão a ser mais exigentes em novas matérias como privacidade, protecção do consumidor, branqueamento de capitais e licenças de exportação. Ao mesmo tempo, esta obrigatoriedade está a crescer em todo o lado, quer no mundo desenvolvido, quer nos países em vias de desenvolvimento.[3] Finalmente, com a confiança abalada pelos escândalos, os *media* – encorajados por um aumento nos grupos de controlo e outras organizações não governamentais – fazem destas falhas nas empresas as primeiras páginas de todos os jornais ou o tema das notícias 24 horas por dia, sete dias por semana.

As discussões passam por se todas estas mudanças na política e nos *media* são uma coisa "positiva". Mas existem e representam ameaças crescentes à saúde da economia e à reputação das empresas.[4]

Qualquer líder de negócios que tenha passado por uma intensiva investigação governamental – e sou, de facto, um deles – pode testemunhar o seu enorme e negativo efeito. São consumidas grandes quantidades de tempo, esforço e dinheiro. Os executivos principais começaram a desconfiar uns dos outros. O CEO e outros líderes distraem-se ao passar semanas, mesmo meses, a garantir que a resposta da empresa está completa e correcta. Geralmente os problemas complicam-se, à medida que os reguladores e outros litigantes, não apenas nos EUA mas por vezes em diferentes países, avançam com procedimentos paralelos. De repente, a empresa enfrenta uma guerra em três, quatro ou cinco frentes.

O que acontece quando além de fumo há fogo? As consequências para a empresa podem ir de significativas a desastrosas. Se houver enormes violações à integridade, as empresas podem ser forçadas a entrar em falência ou mesmo a desintegrar-se. Os prejuízos podem ser enormes. Há uma década, uma multa, penalização ou acordo na ordem dos cem a 200 milhões de dólares era considerado avultado; hoje em dia, acontecimentos comparáveis podem ascender a milhares de milhões.

As consequências individuais também variam de humilhantes a catastróficas. Na última década, a comunicação social noticiou que muitos CEO, antes aclamados, tinham perdido os empregos (ou abandonado a empresa antes de isso acontecer) devido a questões de integridade: Hank Greenberg da AIG (contabilidade), Frank Raines da Fannie Mae (contabilidade), Peter Dolan da Bristol-Myers Squibb (falha na informação ao conselho de administração), Phil Condit (escândalos nas operações de compra) e Henry Stonecipher (relação com os colaboradores) da Boeing, John Browne da BP (práticas de segurança) e Klaus Kleinfeld da Siemens (vastos pagamentos indevidos), etc. Outros, incluindo os executivos da Enron mencionados anteriormente, sofreram pesadas sentenças de prisão e grandes multas e penalizações.

Mas outras consequências que surjam de uma grande falha de integridade podem ter um impacto ainda maior no longo prazo. As relações de negócios parece que passam por uma trituradora. A reputação de uma empresa construída ao longo de anos ou décadas desmorona-se da noite para o dia. A capitalização de mercado diminui acentuadamente. No final, se os estragos forem suficientemente profundos, todos os *stakeholders* são afectados. Os colaboradores perdem os empregos, os reformados perdem as pensões, os accionistas perdem o seu património, os credores ficam com dívidas incobráveis, os clientes perdem um fornecedor, os fornecedores perdem um comprador e as comunidades ressentem-se sob variadas formas com negócios perdidos ou diminuídos.

O próximo passo, sem surpresas, é um pedido por nova legislação e regulamentação que impeçam que isto volte a acontecer. Os esforços da empresa para se autovigiar são ignorados, principalmente por parecerem tardios, falsos ou hipócritas. De repente, surgem novas políticas, muitas vezes com resultados incertos ou indesejáveis.

A minha ideia principal é que a actual função do CEO é muito diferente da de há dez ou 20 anos atrás. As mudanças vêm de várias direcções: sob a forma de legislação, regulamentação, processos de execução, activismo ou expectativas dos *stakeholders* e escrutínio dos *media*, apenas para referir alguns. Consequentemente, hoje os líderes de negócios têm de trabalhar mais e de forma mais eficaz para navegar nas águas pouco profundas de um ambiente mais hostil e menos permissivo – ao mesmo tempo que tentam ser bem-sucedidos na hipercompetitiva economia global.

A lição parece evidente. Para evitar riscos desnecessários e custos para as empresas, para os *stakeholders* e para si, os actuais CEO têm de fundir desempenho elevado com uma elevada integridade.

Os benefícios da cidadania empresarial

Até agora, salientei o negativo. Mas fundir desempenho elevado com elevada integridade também incentiva a "cidadania empresarial" que – quando correctamente concebida – cria benefícios empresariais: dentro da empresa, no mercado e na sociedade em geral.

Na forma com a defino, a cidadania empresarial é constituída por três elementos inter-relacionados:

• Desempenho económico forte e sustentável.
• Adesão forte e decidida ao espírito e à letra das normas financeiras e jurídicas relevantes.

- Estabelecimento e adesão a padrões globais obrigatórios – que vão além dos requisitos das regras formais – que são do interesse próprio e esclarecido da empresa, porque promovem os seus valores fundamentais, melhoram a reputação e promovem a saúde económica de longo prazo.

E estes elementos tornam-se possíveis através do compromisso dos colaboradores para com os valores da honestidade, da franqueza, da justiça, da seriedade e da confiança.

Assim definida, a cidadania empresarial é uma estrutura mais útil para avaliar o papel adequado dos negócios na sociedade do que a lente da "responsabilidade social das empresas" que, nos seus termos, ignora o desempenho económico. A cidadania empresarial reflecte de forma mais precisa as relações interdependentes que existem entre os vários *stakeholders* – colaboradores, pensionistas, accionistas, credores, clientes, utilizadores finais, fornecedores, comunidades e reguladores –, das quais depende o desempenho.

Evita também o efeito de "visão em túnel" que se concentra no aumento do valor para o accionista, geralmente no curto prazo. Esta teoria simplista da maximização do valor – que defende que a empresa é um mero agente dos seus accionistas – não está reflectida na organização nem na prática das empresas.[5] Nos anos de 1920, a década do excesso comercial, o muito respeitado CEO da GE, Owen D. Young, anunciou que a empresa devia aos seus accionistas uma taxa de rendibilidade justa – mas afirmou também que esta tinha uma obrigação para com os trabalhadores, os clientes e o público, de forma a poder comportar-se "como um bom cidadão faria". Esta filosofia abrangente tem sido adoptada por muitos CEO desde então.[6]

Tendo participado em mais discussões sobre responsabilidade social das empresas do que as que consigo contar, posso afirmar com confiança que o primeiro elemento de cidadania empresarial – o desempenho económico forte e sustentável – é muitas vezes ignorado ou desvalorizado pelos defensores da responsabilidade social das empresas. É igualmente uma surpresa que não seja defendido com frontalidade pelos CEO. Permitam-me utilizar a GE como exemplo.

Actualmente, a GE tem mais de cinco milhões de accionistas, muitos dos quais são pensionistas. Distribui cerca de metade dos seus lucros – mais de oito mil milhões de dólares por ano – em dividendos. Ao longo dos anos, tem conduzido o negócio de uma forma que tem valorizado constantemente o preço das suas acções.

A empresa sustenta (ou ajuda a sustentar) mais de 300 mil colaboradores, assim como mais de 700 mil familiares. Assegura o pagamento de pensões a mais de 600 mil pensionistas actuais e futuros. Procura fornecer produtos e serviços de elevada qualidade a centenas de milhões de clientes em todo o mundo.[7] Todos os anos, compra mais de 50 mil milhões de dólares em materiais, componentes, mercadorias e serviços, com grandes efeitos multiplicadores. Acresce que tem mantido o seu forte desempenho ao longo de muitas décadas. E como muitas empresas actuais, procura aumentar a rentabilidade dos seus negócios dando resposta a alguns dos assuntos mais urgentes da sociedade. Um exemplo entre muitos é a iniciativa "ecomaginação"[*] da empresa, que procura fornecer tecnologias para reduzir as emissões de gases com efeito de estufa dos seus clientes.

A elevada integridade – a adesão aos requisitos formais e o compromisso voluntário para com os padrões e valores éticos – conduz a muitos benefícios. Dentro da empresa, ajuda a captar e a reter talento. Permite que os colaboradores expressem as suas preocupações a nível de desempenho e integridade. Contribui muito para práticas de emprego meritocráticas. Ajuda a criar uma cultura de alinhamento entre os valores pessoais e os valores da empresa e, por isso, a aumentar o moral, o orgulho na empresa e a produtividade.

A nível de mercado, projecta a marca, contribui para a integridade de produtos e serviços, diferencia a empresa da concorrência, reduz

---

[*] **N. T.** No original, *ecomagination*.

ao mínimo as reclamações dos clientes e vai ao encontro das preocupações dos investidores. Ao fazê-lo, impulsiona o crescimento da
empresa.

Na sociedade em geral, melhora a reputação da empresa, o que,
por sua vez, confere credibilidade em debates de política social; possi-
bilita relações respeitosas com os reguladores; gera notícias positivas,
o que, por sua vez, projecta a marca e a reputação; oferece um exemplo positivo em mercados emergentes que desafiam a integridade; e
ajuda a criar confiança nos "negócios" em geral.

Portanto, evitar riscos devastadores e conquistar benefícios para a
empresa, o mercado e a sociedade são o *motivo* por que o CEO tem de
incluir na sua liderança a fusão do desempenho elevado com elevada
integridade. Nos dois capítulos que se seguem, que se focalizam em
princípios fundamentais, práticas-chave e questões complexas, explico
como isto pode ser feito.

3. PRINCÍPIOS E PRÁTICAS FUNDAMENTAIS

A chave para conquistar um desempenho elevado com elevada integridade sustentável consiste em criar a cultura empresarial adequada liderada pelo CEO – os princípios partilhados (valores, políticas e atitudes) e as práticas partilhadas (normas, sistemas e processos) que influenciam a forma de pensar das pessoas e, consequentemente, como se comportam.[1]

Quais as restrições às pressões internas e externas para se atingirem resultados que podem levar à corrupção? Uma resposta é uma cultura de disciplina: as pessoas têm medo de violar as regras da empresa (ou de ir contra a lei!), de ser apanhadas e castigadas. Mas também existe uma resposta positiva. Numa cultura forte de desempenho com integridade, valores positivos e normas de comportamento são de tal forma partilhados que todos querem vencer percorrendo o caminho *certo*. Essa cultura é criada tanto por aspirações, exemplos, transparência e incentivos, como por penalizações. Quando mostrei aos líderes de negócios da GE apresentações sobre desempenho com integridade, dediquei muito tempo a um *slide* com apenas dois pontos:

- Criar os sistemas e os processos.
- Criar a cultura.

Os dois complementam-se e são inseparáveis. Os líderes da empresa criam uma cultura ao expressarem, de forma convicta e consistente, o código de conduta da organização, os princípios orientadores e os padrões das políticas – em discursos e em comunicações escritas. No entanto, a empresa tem simultaneamente de implementar um forte conjunto de práticas que:

28 Ben W. Heineman Jr.

- Sigam disciplinas de negócios.
- Tenham consequências reais.
- Utilizem os recursos necessários.

Estabelecer uma "comunicação do topo" sem estes esforços não passa de "conversa" sem implementação prática.

Durante o tempo em que estive na GE, a empresa procurava conseguir um desempenho com integridade através de um rigor de negócios característico: estabelecer objectivos, construir sistemas, gerir processos disciplinados, definir medidas com significado e auditar sistematicamente. Ao mesmo tempo, estávamos perfeitamente conscientes de que criar uma empresa de desempenho elevado com elevada integridade é uma verdadeira viagem sem fim, porque as empresas não podem simplesmente abolir a fraude e a corrupção. Inevitavelmente, irão encontrar más condutas internas – e aprenderão, tal como a GE, lições difíceis de violações de integridade que duraram demasiado tempo e envolveram demasiadas pessoas.

Além disso, numa empresa transnacional a cultura de desempenho elevado com elevada integridade tem de ser forte e irrepreensível em qualquer parte do mundo. Portanto, os princípios e práticas fundamentais que criam essa cultura têm de ser uniformes e universais em todas as diferentes linhas de negócio, diferentes mercados e diferentes regiões. É verdade que uma empresa transnacional tem de ser sempre sensível às condições locais. Mas variações nestas questões fundamentais de cultura são hipócritas e confundem as pessoas. São um atentado à integridade. Arrisca-se a criar um "cancro" que pode criar metástases por toda a empresa, corroendo a cultura.

Um exemplo evidente: uma explosão catastrófica numa fábrica da BP, no Texas, matou 15 pessoas e feriu outras 200. Desencadeou processos civis e criminais e acabou por conduzir a multas e acordos extra-judiciais. Uma comissão independente designada pelo conselho de administração da BP e presidido por James Baker concluiu: "A BP não tinha uma liderança eficaz em matéria de segurança e não tornou o processo de segurança um valor fundamental nas cinco refinarias norte-americanas." Os *media* relataram que a conclusão da Comissão Baker e as suas outras críticas à cultura da BP foram um factor importante na antecipação da reforma, em mais de um ano, do icónico CEO John Browne.[2] Ao criar e apoiar uma cultura de desempenho elevado com elevada integridade, os CEO têm de se focalizar em assuntos de primeira linha onde a influência é maior. A partir da minha experiência e observações, acredito que existem oito princípios inter-relacionados, e práticas-chave de implementação, que são essenciais e não negociáveis. Estes constituem o resto deste capítulo.

Princípio 1: Demonstrar uma liderança comprometida e consistente

Um compromisso inequívoco e imutável por parte da liderança é o princípio – e também o fim – da criação de uma cultura de desempenho com integridade.

Este compromisso só é compreendido *e* sentido pela empresa quando há uma consistência perfeita entre os atributos pessoais dos líderes, as suas declarações públicas e privadas, e as suas acções directas e indirectas. Padrões elevados para os colaboradores requerem padrões elevados por parte dos líderes de topo. Destaco seis factos importantíssimos:

1. *Os líderes têm de liderar*

Parece óbvio mas não é. A GE enfrentava muitas vezes uma incompreensão que acaba por ser endémica em muitas empresas: a noção de que os líderes de negócios têm de se focalizar no negócio – vendas, *marketing*, novos produtos, estabelecimento de preços, negociações e resultados – e que as equipas (principalmente financeiras, jurídicas e de recursos humanos) são responsáveis pelos sistemas e processos de integridade.

"Simplesmente não tenho *tempo*" era o lamento típico de um líder de negócios. O passo mais importante que um CEO tem de dar no sentido de rejeitar esta afirmação – publicamente e de modo convincente – é deixar claro às organizações que os líderes de todos os níveis da empresa partilham a responsabilidade (juntamente com o CEO) de comunicar valores e implementar práticas relacionadas. É verdade que os responsáveis das equipas desempenham um papel determinante e de complementaridade nas questões relativas à integridade. Mas não é possível fundir o desempenho elevado com uma elevada integridade, a não ser que todos os executivos compreendam que esta é a sua tarefa de liderança mais importante. É o padrão pelo qual têm de se guiar quando fazem contratações, constroem as suas organizações, estabelecem prioridades e alocam recursos – e pelo qual serão responsabilizados.

2. *Colocar a integridade em primeiro lugar*

Muitas empresas têm uma pequena declaração de missão que compromete a organização a alcançar objectivos abrangentes como inovação, satisfação do cliente, crescimento ou características pessoais específicas (por exemplo força, energia, execução). Pode discutir-se se estas declarações de missão têm algum impacto significativo, mas é uma omissão flagrante se o CEO não fizer da "integridade" o valor de base sobre o qual todos os outros assentam. Os CEO têm também de fazer dos códigos de conduta escritos da organização uma mensagem pessoal e fundamental.

Mas a questão central é mais bem transmitida pessoalmente, de forma clara e inequívoca. Na GE, Jack Welch (e posteriormente Jeff Immelt) colocaram uma ênfase especial em duas reuniões anuais de estabelecimento da agenda dos executivos seniores: a primeira, em Outubro, para 220 responsáveis de departamento; e a segunda, em Janeiro, para os 600 executivos seniores (incluindo os primeiros). Welch (e posteriormente Immelt) abriam e encerravam cada uma destas sessões com fortes afirmações sobre desempenho com integridade, centradas em quatro pontos principais:

- A GE é uma empresa com uma reputação de nível mundial. O nosso desempenho com integridade é a base dessa reputação. Essa reputação traz benefícios tremendos.

- Cada líder sénior nesta sala é pessoalmente responsável pela integridade da empresa – é a principal responsabilidade dos líderes de negócios da GE. Isto significa estabelecer os sistemas e os processos correctos e criar a cultura certa.

- Não serão tolerados atalhos em acções comerciais. A integridade nunca pode ser posta em causa pela pressão dos resultados.

- Para aqueles que estão nesta sala – para quem os outros colaboradores olham em busca de orientação – basta uma falha para irem para a rua. Podem não cumprir resultados e permanecer na empresa; mas não sobreviverão se falharem em matéria de integridade.

Como é óbvio, os líderes seniores da empresa levaram muitas lições destas reuniões de alto nível para os respectivos negócios (divulgadas, em anos posteriores, a todos os colaboradores via *webcasts*) – mas esta mensagem-chave do CEO era sempre o prólogo e o epílogo da narrativa de negócios desse ano que era difundida por toda a empresa.

3. *Ir para além da "comunicação do topo"*

A forma como os CEO fazem uma avaliação moral é muito mais importante do que a política da empresa.[3] Especificamente, o CEO tem de deixar claro que os executivos de topo da empresa não serão poupados ou favorecidos, serão responsabilizados por lapsos na integridade da mesma forma que o são por outras falhas no desempenho – e que, na realidade, os "generais" serão avaliados por padrões ainda mais elevados do que as "tropas".

Para dar um exemplo, um líder experiente da GE – a operar num mercado emergente sob pressões competitivas – ignorou intencionalmente os procedimentos de *due diligence** da empresa e subcontratou a distribuição. Uma auditoria interna acabou por revelar um comportamento grave por parte desse fornecedor externo. O desfecho? O acordo de distribuição foi cancelado e o executivo foi obrigado a demitir-se, apesar de ter "muito sucesso" no mercado altamente competitivo. Não havia equívoco, explicação ou ponderação dos prós e contras. O executivo tinha ultrapassado uma linha que os líderes deviam respeitar, não contornar. As palavras seguras proferidas nas reuniões de líderes seniores – as pressões competitivas nunca justificam comprometer a integridade e "uma falha e está fora" – foram enfatizadas através da acção segura.

Uma mensagem ainda mais forte – realmente muito evidente – é enviada através da dispensa de executivos seniores que falharam por omissão e não por acção. Na maior parte dos casos, envolve situações em que actos indevidos dentro de uma unidade de negócio não são

---

* **N. T.** Investigação prévia que se faz à outra parte antes de se chegar a acordo com ela, para se verificar se cumpre todos os requisitos.

resolvidos ou reportados durante muito tempo ou envolvem demasiadas pessoas – todos importantes indicadores de uma falha a nível de cultura.

Foi revelado um exemplo no início da década de 1990, quando Jack Welch era CEO; um segundo emergiu uma década depois, no início do mandato de Jeff Immelt. O primeiro envolveu uma fraude contra o Governo norte-americano numa compra de aviões de guerra por parte da Força Aérea Israelita, financiada com fundos dos EUA. O segundo envolveu um cliente japonês que insistiu que os colaboradores da GE falsificassem documentos relativamente a assuntos de segurança; estes documentos, por sua vez, eram submetidos pelo cliente aos reguladores dentro do país.

Ambos os casos surgiram do lado negro da satisfação do cliente. Ambos foram percepcionados como estando errados por muitos dentro da organização. Ambos envolveram muitos indivíduos que tiveram eles próprios uma má conduta ou erraram ao não investigar o assunto ou ao não acabar com ele.

Ambos levaram às decisões mais importantes sobre integridade que o CEO teve de tomar durante o tempo em que estive na GE. A empresa teve de apurar os factos com rigor, trabalhar de perto com os governos envolvidos, implementar mudanças fundamentais em determinados sistemas (por exemplo, uma melhor educação e verificação dos processos) e disciplinar muitos colaboradores de nível mais baixo. Mas as acções mais penosas e difíceis envolveram os responsáveis seniores que lideravam as unidades de negócio. Tinham tido longas carreiras na empresa e eram considerados "boas pessoas" pelos outros líderes seniores. Não tinham tido conhecimento das acções erradas. Mas tinham falhado, de uma forma dramática, na criação de uma cultura de desempenho com integridade. Muitos nas suas organizações tornaram-se indiferentes a actos intoleráveis durante muito tempo.

Foi pedido aos executivos que deixassem a empresa. A mensagem era clara: não há favoritismos. O CEO rege os líderes de topo por padrões elevados e aqueles para quem a criação de uma cultura de integridade for indiferente irão embora.

4. *Comunicar as decisões de forma aberta*

Os CEO conseguem maior impacto a disciplinar os executivos seniores quando estas acções são discutidas abertamente com os líderes de topo. Nos casos de Israel e do Japão descritos acima, o CEO (primeiro Welch, depois Immelt) pediu-me para descrever em pormenor aos 600 executivos presentes na reunião de estabelecimento de objectivos, em Janeiro, exactamente o que aconteceu e por que motivo foi pedido aos responsáveis envolvidos para abandonar a empresa. Em cada caso, a minha apresentação demorou 15 minutos. Foram as únicas vezes que falei para uma audiência tão grande que estivesse tão silenciosa – e imóvel. Quer Welch quer Immelt basearam os seus argumentos finais na minha apresentação, salientando que a negligência *continuada* na criação de uma cultura de desempenho com integridade é motivo para demissão.

Devo salientar que passar uma mensagem positiva ao grupo da liderança de topo é igualmente eficaz. Pouco depois de se ter tornado CEO em 2001, Jeff Immelt instituiu os Chairman's Leadership Awards nas reuniões de Janeiro com os 600 executivos seniores. Estes prémios reconheciam os melhores desempenhos do ano anterior. Alguns vão para a unidade de negócio com melhor desempenho global, a pessoa que desenvolveu um excelente novo produto ou o negócio com os aumentos de produtividade mais espectaculares. Mas há outros prémios que vão para os auditores internos, para um programa ambiental de sucesso ou para alguém que deu um contributo para a governação – e isto deixa bem claro aos líderes da empresa o valor fundamental do desempenho com elevada integridade.

5. *Os líderes têm de personificar os valores*

As empresas identificam imediatamente hipocrisia por parte dos seus líderes. O CEO apela ao "desempenho com integridade!" numa grande reunião da empresa mas depois, numa mais pequena, faz um comentário céptico na direcção oposta. Este segundo comentário dissemina-se rapidamente pelo resto da organização, repetido, ampliado e até distorcido, através do "passa palavra". De forma semelhante, comportamentos do CEO que permitem actos indevidos, acções pessoais (desonestidade, falta de franqueza) que contradizem os valores de base e críticas a líderes que levantam questões de integridade acerca de actos da empresa – destroem por completo a credibilidade e o compromisso.

Não precisamos, nem vamos conseguir, santos nos nossos escritórios. Quando rodeados do pequeno núcleo de executivos de topo com quem lidam todos os dias, os CEO podem ser directos, cépticos e sentir-se descrentes, frustrados, zangados, voláteis. Mas para os colaboradores que não vêem o CEO todos os dias, a linguagem inconstante do topo é confusa (na melhor das hipóteses) e o cepticismo ou os gestos do CEO podem ser devastadores.

Por outras palavras, para os CEO praticamente todos os encontros com colaboradores são reuniões "públicas" que exigem um comportamento pessoal que seja consistente com os valores da empresa.

6. *Os executivos seniores têm de ser simultaneamente líderes e gestores*

O compromisso e a consistência do CEO – e todos os princípios e práticas que se seguem – requerem as competências de liderança e de gestão que John Kotter descreveu há quase duas décadas.[4] Gestão é lidar com a complexidade numa grande organização, através da disciplina de planeamento, estabelecimento de objectivos, organização, recursos humanos, orçamentação e auditoria. Liderança é gerir a mudança e expressar a importante aspiração de fundir o desempenho e a integridade quando os mercados, a aplicação da lei e as pressões públicas estão em constante mudança. É também inspirar e dar energia aos outros – não apenas empurrá-los em determinadas direcções através do controlo, mas articular uma visão e satisfazer a necessidade humana básica de pertencer a uma cultura forte que lhes permita viver de acordo com os seus ideais.[5]

Princípio 2: Gerir o desempenho com integridade como um processo de negócios

O aspecto mais difícil de se fundir um desempenho elevado com uma elevada integridade é levar os líderes de negócios a investir o tempo e o esforço necessários para incutir princípios e práticas-chave de integridade nos processos de negócios. Por outras palavras, o CEO tem de os fazer assumir o desempenho com integridade quando estão a desempenhar o seu papel de gestores. Destaco, uma vez mais, seis práticas que podem ajudar a facilitar este trabalho difícil.

1. *Enfrentar a complexidade*

Todas as empresas lutam por um desafio fundamental: o alargado conjunto de normas financeiras e jurídicas que se aplicam a todas as suas actividades. Estas normas são volumosas, multifacetadas, ambíguas na interpretação e incertas na aplicação. Fiquei verdadeiramente surpreendido quando iniciei as minhas funções na GE em 1987 e comecei a aperceber-me da complexidade que a empresa enfrentava.

Só nos EUA, as empresas têm de lidar com uma variedade de normas e regulamentações de efeito geral (por exemplo promover mer-

cados justos, proteger bens sociais ou dar direitos aos *stakeholders*),
bem como normas específicas aplicáveis a determinadas indústrias
(aviação, energia, comunicações, etc.). Estas regras são muitas vezes
altamente complexas. (A FAS 133, que regula os derivados financeiros, tem literalmente centenas de páginas.) Podem ser ambíguas e, por
isso, difíceis de se interpretar. As normas a nível federal, estadual e
local podem sobrepor-se ou até contradizer-se.

Estes problemas de complexidade, ambiguidade, incerteza e
inconsistência mútua têm cem vezes mais peso numa empresa transnacional como a GE, sujeita não apenas às leis internacionais, mas
também à legislação de mais de uma centena de países. Entre estes
sistemas reguladores estrangeiros, uma empresa pode encontrar grandes conflitos entre as autoridades centrais e locais (por exemplo na
União Europeia ou na China); uma aplicação da lei esporádica, errática ou corrupta (mercados emergentes); ou fundamentalmente sistemas legais diferentes (lei comum *versus* lei civil *versus* lei islâmica).
E para complicar mais ainda estas questões, diferentes colaboradores
têm obrigações muito variadas, consoante o seu nível, função, indústria, mercado ou país.[6]

Isto conduz a uma grande complexidade, numa área onde muitas
questões surgem a "cinzento", em vez de "preto e branco", e que
poderá implicar tomadas de decisão consideráveis. Mesmo assim, é
preciso enfrentar e ultrapassar a complexidade. E até uma determinada regra ou regulamentação ser alterada (de uma forma clara e
legal), tem de ser seguida à risca.

2. *Construir a infra-estrutura de integridade*

A resposta do CEO a esta complexidade tem início na construção
da infra-estrutura de integridade: desenvolver sistemas e processos
rigorosos para prevenir, detectar e dar uma resposta. Na GE, a forma

de cumprir esta tarefa foi estabelecer um programa de integridade em todos os segmentos da GE que:

- Previna falhas de ética e de cumprimento... e quando a prevenção falhar...
- Detecte falhas o mais rapidamente possível... e uma vez detectadas...
- Dê uma resposta rápida e eficaz.

Por outras palavras, o trabalho é construir uma "fábrica de integridade", o que é uma tarefa difícil. Escrever sobre este tema para todas as funções na empresa é muito volumoso, mas segue-se o essencial.[7]

Prevenção. O primeiro passo crítico de prevenção é a avaliação do risco. Isto consiste num inventário das normas financeiras e jurídicas importantes em todas as linhas de produto e em todos os locais onde a empresa opera. A empresa tem depois de rever os seus diferentes processos de negócios para todos estes produtos e locais e tomar decisões sobre quais as actividades de alto risco. O risco decorre de factores como a complexidade das normas aplicáveis, tendências correntes na aplicação da lei, colaboradores recém-contratados, impacto de uma perda ou regiões difíceis.

O segundo passo fundamental de prevenção é o desaparecimento ou a redução do risco. Isto significa construir processos de seguimento e de controlo de informação em todas as funções de negócio (por exemplo vendas, *marketing*, produção, engenharia, fusões e aquisições, abastecimento) para riscos-chave. Os especialistas da empresa precisam de desenvolver ferramentas personalizadas – como modelos de aquisição-integração para equipas de negociação ou um sistema digitalizado para detectar problemas ambientais para os gestores das fábricas – de modo a que os colaboradores em funções de alto risco possam lidar com tarefas globais complexas e resolver assuntos sensíveis como pagamentos indevidos ou conflitos de interesses.[8]

Uma técnica experimentada pela GE na avaliação e redução do risco consistiu em tornar, em cada divisão principal, um líder de negócios sénior "defensor" de uma determinada área – por exemplo trabalho e emprego, controlos de exportação, anti-suborno – e indicar um especialista nessas áreas para trabalhar em conjunto com ele. (Estes peritos podem vir da unidade de negócio, da sede ou de fora da empresa.) Esta equipa avalia então os riscos associados a diferentes processos de negócio: produção, engenharia, investigação e desenvolvimento, gestão de instalações. O envolvimento do líder nesta etapa inicial de avaliação/redução do risco conduz a melhores respostas operacionais e envia também uma importante mensagem à organização.

Recentemente, por exemplo, os líderes de topo da GE Aircraft Engines pegaram em 14 áreas políticas-chave, identificaram 56 áreas de risco e efectuaram 328 avaliações em 14 diferentes funções e P&L* para se focalizarem em temas de elevado risco como as leis de controlo de exportações, segurança da informação, controlos de qualidade da FAA**, segurança do produto e fiscalização.

Detecção. Quando a empresa é alvo de uma investigação da SEC ou do Departamento de Justiça, ou de um inquérito da autoridade de protecção do consumidor na Europa, já é tarde – muitas vezes, muito tarde. A empresa está na defensiva e perdeu algum controlo sobre o assunto. É muito melhor descobrir as más notícias atempadamente e lidar com elas!

---

* **N. T.** Refere-se a unidades P&L, ou seja, unidades de negócios geridas pela análise da saúde financeira das suas linhas de produto, tendo em vista obter lucro, aumentar vendas e diminuir custos.

** **N. T.** Sigla relativa a *Federal Aviation Administration*, a entidade reguladora da aviação civil nos EUA.

Sistemas internos robustos para detectar acções indevidas o mais cedo possível dão à empresa tempo para determinar os factos, decidir se o assunto tem de ser reportado às autoridades e identificar pontos fracos perigosos na integridade da infra-estrutura que precisam de atenção imediata. É óbvio que os processos de vigilância e controlo por parte da gestão ajudam a emergir questões de integridade. Mas dar voz aos colaboradores, através de um sistema de provedoria ou outros, também é fundamental para a detecção. De facto, é tão importante para o desempenho com integridade que o identifico como um princípio independente.

Resposta. Responder a preocupações sobre possíveis acções indevidas tem quatro dimensões básicas:

- Investigação.
- Disciplina individual.
- Solução dentro da unidade de negócio.
- Solução em toda a empresa, quando adequado.

Os inquéritos internos têm de ser concretizados por inteiro e de forma justa – geralmente por equipas da área financeira, de auditoria ou jurídica – sem possibilidade de serem interrompidos se subirem na hierarquia dentro da empresa. Quando se decidirem as medidas disciplinares adequadas, a unidade de negócio deve basear-se na vasta experiência dos líderes da empresa: o director financeiro (CFO), o director do departamento jurídico, o director de recursos humanos e – em casos muito importantes e difíceis – o CEO. (Jack Welch e Jeff Immelt passaram uma quantidade extraordinária de horas a trabalhar em casos disciplinares difíceis.) O que fez a empresa no passado em casos semelhantes no que diz respeito a penalizações monetárias (redução de salário, de bónus ou de participações no capital) ou a impacto na carreira (despromoção, adiamento de uma promoção ou dispensa)?

Em determinadas alturas, acções indevidas – como forjar uma conta de despesas – surgem simplesmente de uma fraqueza pessoal. Mas é mais frequente que o comportamento errado derive de uma má avaliação ou redução do risco – por outras palavras, de sistemas e processos medíocres. Portanto, a análise da causa e melhorias no sistema são sempre um passo essencial, depois de o indivíduo ter sofrido uma acção disciplinar.

A determinada altura, colocámos a descoberto um esquema de desfalques num local distante no negócio de serviços financeiros da GE na Tailândia. Uma investigação "pós-acção" revelou problemas sistémicos em locais distantes – não apenas nos serviços financeiros mas também em outros negócios, não apenas na Tailândia mas em toda a parte. Isto era um problema alargado por toda a GE que exigia uma solução integrada por toda a GE.

3. *Fundir processos de negócios e de integridade*

A principal responsabilidade das equipas de liderança das unidades de P&L é integrar os elementos essenciais da infra-estrutura de integridade em todos os processos de negócios: de pequenas unidades a grandes divisões, da produção e engenharia ao *marketing* e vendas, do aprovisionamento e tecnologias de informação a fusões e aquisições e a investigação e desenvolvimento. Isto significa integrar mecanismos de redução relevantes em *cada* operação básica. As equipas de vendas, por exemplo, são afectadas pelas leis da concorrência, proibições contra pagamentos indevidos e regras contra publicidade enganosa. Os processos de redução do risco para estas (e outras) questões têm de ser introduzidos nos processos de vendas – e não apenas utilizados, uma vez por ano, como tema nas conferências da equipa de vendas.

De forma semelhante, esta fusão dos processos de negócios e da integridade tem de acontecer não só em múltiplos riscos em múltiplas operações, mas também em múltiplas regiões. Assim que esta "fábrica de integridade" estiver construída – e os processos de auditoria e de avaliação estiverem prontos – passa a existir a estrutura para o desempenho elevado com elevada integridade.

Por exemplo, a GE procurou introduzir temas como ambiente, saúde e segurança na produção, tornando os gestores das fábricas e os líderes de produção responsáveis por estes assuntos, e o líder responsável pela unidade P&L o primeiro a ser responsabilizado. Os relatórios trimestrais de cada fábrica, em todos os negócios, sobre os parâmetros-chave (fugas, taxas de acidente, comunicações de infracções) eram inseridos numa matriz e estas comparações entre negócios eram enviadas ao CEO. Como se pode imaginar, estar no último quartil oferecia aos líderes de negócios mais destacados muita motivação para melhorar![9]

4. *Aproveitar os jogadores de "classe A" – e recursos certos*

Na maior parte das empresas, existe um esforço constante para se encontrar as pessoas certas e alocar os recursos adequados. A fusão de processos de integridade e de negócios só acontece quando ambos se verificam.

Contratar peritos de "classe A" para muitas áreas críticas da empresa, como a financeira e a jurídica, é determinante – e eficaz em termos de custos – para a avaliação e a redução do risco. A vantagem dos peritos internos é que compreendem a empresa muito melhor do que alguém de fora e podem agir mais depressa, em vez de pedir ajuda externa. Jack Welch encorajou-me a contratar um perito excepcional em impostos (John Samuels) e outro em programas ambientais (Steve Ramsey), que tinham desenvolvido as suas excelentes competências quer ao serviço do Governo, quer no sector privado. Para além de minimizarem e de reduzirem os riscos de integridade, provaram igualmente ser de grande valor para o CEO no planeamento financeiro e de transacções, e na área da política pública com uma postura mais ofensiva ou defensiva. Trazer peritos externos vai contra a postura de muitas empresas, mas muitas vezes compensa o esforço.

As questões sobre o pagamento da infra-estrutura de integridade também têm de ser encaradas com franqueza e de forma sistemática. Não há forma de o contornar: têm de se encontrar e gastar fundos para se estabelecerem as bases. A não ser que o CEO transforme a dedicação de recursos adequados numa clara avaliação do desempenho dos líderes de negócios, estes investimentos serão arrastados para o fim da lista. Isto é também um compromisso por antecipação: quando a empresa se comprometer com um corte de dez por cento nos custos, o CEO e os outros líderes de negócios têm de resistir à tentação de o fazer imediatamente nesta área sensível, o que seria muito simples a nível administrativo, e analisar o verdadeiro efeito destas reduções. Esta luta surgiu praticamente todos os anos em que estive na GE e não tenho dúvidas de que a nossa experiência era semelhante. De acordo com um relatório do Governo, o corte nos custos de manutenção e conservação, sem dar a devida importância a questões de segurança, foi uma das causas da catastrófica explosão da fábrica da BP no Texas (uma conclusão que a BP contesta).[10]

Os processos específicos de desempenho com integridade deviam ser avaliados pela sua eficácia e eficiência como parte da constante procura de uma maior produtividade. Na verdade, a disciplina da simplificação e da qualidade pode melhorar o desempenho *e* a integridade – por exemplo, quando a produção Seis Sigma* na linha da frente diminui os custos de redução da poluição no início do processo.

---

* **N. T.** Seis Sigma, ou *Six Sigma,* é um conjunto de práticas desenvolvidas para melhorar sistematicamente os processos ao eliminar defeitos.

5. *Tornar as "revisões da gestão da integridade" acontecimentos verdadeiros*

As revisões da gestão da integridade são avaliações utilizadas pelos líderes para incutir responsabilização nas respectivas unidades de negócio e, subsequentemente, em toda a empresa.

Na GE, os líderes das divisões de negócios (por exemplo energia, motores de aviação, cuidados de saúde, crédito ao consumidor) são responsáveis por revisões separadas e regulares do cumprimento dos princípios de controlo, das regras éticas e jurídicas e dos requisitos de saúde e de segurança ambiental.[11] Cada uma concentra-se nos riscos, reduções e resultados, bem como nas controvérsias que originam questões sistémicas de integridade. Cada negócio reporta métricas de integridade, que são comparadas todos os anos.[12] Alguns negócios desenvolveram uma melhor prática ao fundirem métricas de desempenho com métricas de integridade e ao apresentarem os resultados em painéis digitais, utilizados agora em avaliações contínuas dos negócios.

A nível da empresa, a equipa principal de auditoria revê, de forma independente e numa base praticamente contínua, os processos de desempenho com integridade. O CEO revê pessoalmente os princípios financeiros seis vezes por ano. O conselho de revisão de cumprimento das políticas (que inclui o CFO, o director do departamento jurídico, o líder dos recursos humanos, o chefe da equipa de auditoria interna e o responsável pela segurança) analisa anualmente os maiores negócios, recebe relatórios sobre integridade da equipa de auditoria três vezes por ano e avalia os principais casos e investigações, conforme necessário. Este conselho avalia anualmente os programas de cumprimento da empresa, as áreas de maior risco, a necessidade de novas iniciativas e a adequação dos recursos. Consultores de toda a empresa – financeiros, de controlo e jurídicos – também se reúnem com regularidade para partilhar as melhores práticas e resolver de forma sistemática questões emergentes, a partir de uma perspectiva de especialista. Finalmente, os líderes da empresa em mercados únicos e difíceis – como a China, o Médio Oriente ou a Rússia – também concretizam revisões financeiras e de cumprimento em todos os negócios para partilharem problemas, as melhores práticas e estratégias específicas para cada região.

Tal como com muitas outras questões de negócios, o processo de preparação destas revisões é tão importante como as próprias. Força os líderes de negócios a fazer perguntas, a melhorar disciplinas e a estabelecer responsabilidades. Também os força a revelarem-se. À medida que eu, o CFO e o líder dos recursos humanos assistimos às apresentações de diferentes líderes em revisões da empresa, desenvolvemos uma ideia clara de quem estava, ou não, comprometido e esclarecido.

6. *Viver de acordo com a visão da liderança e da gestão*

Ao incutir os processos de integridade nos processos de negócio, o CEO e os líderes de topo mostram à empresa – nos termos mais concretos e importantes – que o "desempenho elevado com elevada integridade" não é simplesmente um *slogan*, mas a base da empresa. O envolvimento pessoal por parte do CEO e dos líderes de negócios salienta que, quando analisam os planos de redução de risco para mercados complicados ou novas aquisições, estabelecem objectivos de integridade para os colaboradores-chave, efectuam revisões de integridade no local e comunicam pessoalmente falhas graves, enviam uma mensagem tão básica como: é mesmo importante. "Façam-no... não deleguem", diz Ken Meyer, antigo general da força aérea que se destaca hoje como líder de qualidade e integridade da GE. "Vivam--no... não o declarem."

Princípio 3: Adoptar padrões globais de ética

"A globalização através da localização" é um dos lemas das empresas transnacionais. É óbvio que "localização" inclui o cumprimento das normas financeiras ou jurídicas de determinada legislação nacional. O código de conduta da GE começa com: "Obedeçam às leis e às regulamentações aplicáveis que regem a nossa conduta de negócios em qualquer parte do mundo."

Mas isto nem sempre é suficiente. Em alguns casos, a resposta a questões como "Isto está de acordo com o GAPP*?" ou "É legal?" pode não ser adequada, porque as normas formais não resolvem os muitos problemas que a empresa enfrenta. As empresas podem considerar que a melhor resposta é ir para além dos deveres obrigatórios e impor, voluntariamente, padrões globais éticos mais elevados sobre si mesmas e sobre os seus colaboradores. É necessário um processo organizado e sistemático para decidir se se deve adoptar esses padrões globais. Uma vez adoptados, têm a mesma aplicação e implementação uniforme nas unidades de negócio, mercados de produtos e localizações das normas financeiras e jurídicas. As quatro práticas que se seguem respondem a este desafio.

1. *Perceber por que motivo o está a fazer*

As empresas podem adoptar padrões globais, para além dos requisitos das normas formais, por quatro razões abrangentes e muito fortes: reduzir o risco de uma falha de integridade, melhorar o funcionamento interno da empresa, criar vantagens nos mercados e melhorar a posição da empresa na comunidade global mais alargada.

---

* **N. T.** Sigla referente a *Generally Accepted Principles and Practices*: princípios e práticas geralmente aceites.

Ao longo dos anos, a GE adoptou uma alargada variedade de padrões globais, geralmente pelas seguintes razões:

- Desenvolver políticas de aprovisionamento éticas que não olhem apenas para as qualificações técnicas e financeiras dos fornecedores, mas também para os seus sistemas, processos e circunstâncias ligadas a condições de trabalho, trabalho escravo de prisioneiros, trabalho infantil e cumprimento ambiental. Isto produz fornecedores de melhor qualidade e de menor risco, responde a objecções ao *outsourcing* como exploração laboral ou degradação ambiental e melhora a reputação global da empresa.

- Aplicar medidas não discriminatórias no que respeita a raça, nacionalidade, religião e género em todo o mundo, o que em muitos casos prova ser uma ferramenta importante para recrutar e reter colaboradores de elevado potencial.

- Proibir subornos e outras formas de pagamentos indevidos a todos os colaboradores da GE e de outras empresas controladas por esta, numa variedade de cenários do sector público e privado (consultas, ofertas, contribuições políticas), fazendo uma afirmação inequívoca de honestidade e justiça ao lidar com colaboradores.

- Construir instalações "verdes" fora dos EUA de acordo com padrões ambientais da indústria ou a nível mundial, proporcionando melhor saúde e segurança aos colaboradores, protegendo a localização da fábrica em particular e o ambiente em geral e reduzindo o risco de dispendiosos processos de recuperação do ambiente.

- Estabelecer padrões de "empréstimos responsáveis" no crédito comercial que cubram o negócio de uma ponta à outra – desde o desenvolvimento do produto, passando pela publicidade/vendas/divulgação das aplicações/serviço e recolha contabilística/recuperação – antecipando assim uma inevitável mudança reguladora, reduzindo o risco e melhorando a reputação da empresa.

• Minimizar a produção de gases com efeito de estufa e aumentar a eficiência energética interna, que além de proteger o ambiente oferece também uma prova real interna de que as tecnologias de "ecomaginação" da GE podem ajudar.

2. *Identificar as questões*

Uma forma de identificar possíveis padrões globais é avaliar quais são as questões determinantes para os principais *stakeholders*. Entre outras vantagens, isto mantém a questão dos padrões globais baseada em realidades da empresa. Por exemplo, padrões de governação mais rígidos ou uma maior transparência financeira podem ser um pedido constante dos accionistas. Reequilibrar a dívida de curto e de longo prazo ou impor certas disciplinas financeiras para manter um *rating* AAA será importante para os credores. A introdução de novos requisitos e processos nas instalações de produção pode melhorar a saúde e a segurança dos colaboradores. Esforços especiais para incluir mulheres, minorias e candidatos não norte-americanos em vagas para posições de nível mais elevado podem afectar, de forma positiva, uma base cada vez mais diversa de colaboradores e clientes. O desenvolvimento de produtos que reduzam a poluição para além dos requisitos legais é importante para clientes de infra-estruturas, consumidores finais e comunidades mais vastas. É certo que poderão existir conflitos dentro de grupos de *stakeholders* (accionistas de curto prazo *versus* accionistas de longo prazo) ou entre *stakeholders* (accionistas *versus* credores), mas é quase sempre melhor colocar os assuntos sobre a mesa, pelo menos para discussão e possivelmente para encontrar uma solução.

Um segundo método para identificar possíveis padrões globais é examinar as directrizes, os princípios e os códigos de ética globais mais importantes que tenham sido promulgados por organizações multilaterais, ONG ou grupos de negócios, e determinar quais podem trazer importantes benefícios, se aplicados agora aos *stakeholders*. Mais uma vez, mantém a questão baseada nas realidades da empresa, mas evita também que esta se feche sobre si mesma, ao incluir ideias de *outsiders* que estudaram estas questões. As fontes incluem compilações como as Directrizes da OCDE para as Empresas Multinacionais, os Princípios Negociais da Caux Round Table[*] e os códigos e directrizes de políticas de outras empresas globais.[13]

Uma outra análise de grande ajuda para líderes de negócios é o *Global Business Standards Codex*, desenvolvido pelos Professores Lynn Paine, Rohit Deshpande e Joshua Margolis da Harvard Business School. Analisa fontes gerais e específicas de negócios para os padrões globais e cataloga-as de acordo com oito princípios gerais (fiduciário, propriedade, confiança, transparência, dignidade, justiça, cidadania e capacidade de resposta). Para aqueles que desejam aprender com o que outros fizeram, este código é um excelente sítio por onde começar.[14]

3. *Avaliar o risco/recompensa num contexto social*

A decisão de quando adoptar padrões globais não é um exercício abstracto e não requer os serviços de um *senior vice president* para filosofia política e moral. Em vez disso, estas decisões devem transformar-se numa simples análise custo/benefício baseada nas operações e cultura

---

[*] **N. T.** Organização internacional de executivos de topo, sedeada em Caux, na Suíça, que discute a promoção da ética negocial.

da empresa. No entanto, consiste num cálculo mais vasto do que seria habitual nas tomadas de decisão nas empresas. A decisão também irá requerer frequentemente a disciplina de uma explicação pública, incluindo uma análise das consequências de a empresa adoptar voluntariamente, ou não, um padrão ético.

O conceito de *benefício* de padrões globais – na empresa, no mercado ou na sociedade mais abrangente – pode ter significados muito diferentes para os vários *stakeholders*. Pode envolver tudo, desde aumentar a excelência operacional (ao reduzir a poluição, as reclamações de clientes e os processos interpostos por colaboradores), melhorar a reputação (um activo intangível da empresa), justiça (tratar os colaboradores com dignidade e respeito), evitar consequências desastrosas para a sociedade (acidentes resultantes de operações das fábricas) e beneficiar a sociedade de formas que também beneficiam o negócio (esforços filantrópicos para melhorar a ciência e a educação em engenharia, ou reduzir os gases com efeito de estufa ao desenvolver tecnologias novas e rentáveis).

De forma semelhante, o conceito do *custo* de um padrão global depende do contexto e deve ser analisado como um investimento. Em alguns casos, existe um claro custo financeiro – como os esforços da GE para reduzir as suas próprias emissões de gases com efeito de estufa e aumentar a eficiência das operações. Mas podem existir poupanças significativas resultantes do menor consumo de energia e compensações provenientes da demonstração de sistemas novos e viáveis (por exemplo, as tecnologias de "ecomaginação" da empresa) que justifiquem o investimento em termos claros e quantificáveis.

Noutros casos, o custo é muito difícil de avaliar. Como estabelecer um preço para um negócio perdido resultante do compromisso de não aceitar subornos? No final do processo, a GE verificou que os custos difíceis de quantificar eram superados pelo bom senso e pelos benefícios difíceis de quantificar – incluindo evitar o risco de cumprimento forçado e estabelecer uma cultura interna de integridade.

Portanto, quando uma empresa está a determinar os custos e os benefícios de padrões globais de ética que vão para além dos requisitos das regras formais, será mais apropriado um intervalo de tempo mais longo do que "resultados trimestrais" ou "o orçamento deste ano". O cálculo final pode não ser quantificável e, em vez disso, depender do bom senso.

Os critérios globais da GE descritos em cima foram sujeitos a uma análise exaustiva custo/benefício. Considere o programa de aprovisionamento ético da GE. A empresa começou por qualificar os fornecedores em termos de qualidade e saúde financeira. A seguir, acrescentou critérios ligados aos salários e às condições de trabalho, programas ambientais, trabalho escravo de prisioneiros e trabalho infantil, e investimento em métodos e formação. Estas técnicas foram depois reproduzidas à medida que as cadeias de abastecimento dos mercados emergentes se expandiram. A GE verificou que, ao longo do tempo, os seus custos eram facilmente ultrapassados pelos benefícios de redução do risco de uma interrupção na cadeia de abastecimento, da defesa contra os críticos da globalização que procuravam provas de exploração do trabalho e da melhoria da reputação global da empresa enquanto interveniente internacional responsável. Promoveu-se um debate enérgico dentro da empresa sobre se e como conduzir estes aprovisionamentos. No final, os números "puros e duros" provaram não ser o factor preponderante na análise.

4. *Tomar decisões-chave ao mais alto nível*

No final, as decisões sobre padrões globais não podem, logicamente, resultar de alguma teoria de filosofia moral nem depender apenas de uma quantificação precisa. O bom senso é essencial. Na GE, Jeff Immelt formou uma comissão para o risco empresarial constituída por executivos de topo, que se reunia trimestralmente e tinha como uma das suas responsabilidades fundamentais decisões sobre padrões globais. Eu e o CFO estabelecíamos a agenda, tendo consultado os outros líderes de topo, procurando apresentar análises equilibradas e opções realistas à gestão de topo. Qualquer decisão da comissão que fosse aprovada pelo CEO e tivesse implicações importantes a nível operacional e de reputação – como aprovisionamento ético – tinha de ser validada pelo conselho de administração.

É determinante levar estas decisões aos níveis mais elevados. Porquê? Precisamente porque não se baseiam em *discounted rates of return*[*] ou em raciocínios morais abstractos, mas sim em julgamentos de bom senso sobre como evitar riscos ou criar benefícios de acordo com a história, cultura e missão da empresa.

Princípio 4: Utilizar sistemas de aviso prévio para antecipar as tendências e as expectativas globais

As viagens globais e uma curiosidade insaciável podem ajudar um CEO – e outros líderes seniores – a deduzir para onde se move o mundo. Mas para evitar surpresas, as empresas precisam igualmente de reunir informação sistemática sobre tendências e expectativas financeiras, jurídicas e éticas. (Na GE, o ímpeto para este processo chegou no início da década de 1990, depois de acções de cumprimento da lei altamente mediatizadas contra outras empresas de serviços financeiros.) Estes "sistemas de aviso prévio" podem ser estabelecidos em todos os níveis da empresa – desde os centros de P&L a grandes unidades de negócio e à comissão de risco empresarial do CEO – e os sinais que enviam podem revelar-se inestimáveis. Seguem-se três práticas fundamentais para ajudar a gerar estes sinais.

---

[*] **N. T.** Taxas de rentabilidade interna, utilizadas na avaliação de investimentos.

1. *Monitorizar as normas financeiras e jurídicas em rápida mudança*

O sistema de aviso prévio para antecipar mudanças em normas financeiras ou jurídicas formais devia ter pelo menos três fases. Primeiro, os peritos em diferentes áreas de regulação do negócio devem procurar fontes por todo o mundo para monitorizar os desenvolvimentos. Estas incluem legislação e regulamentação nova e prestes a entrar em vigor, processos legais a decorrer ou decididos recentemente, investigações governamentais formais e informais, debates da indústria, críticas de consumidores e de outros grupos de interesse e reportagens dos *media* sobre todos estes assuntos. Uma melhor prática é contratar um antigo regulador para "esmiuçar o negócio", quer em busca de lacunas na lei existente, quer na procura de questões potenciais, considerando a trajectória provável da política pública.

Uma segunda fase envolve ordenar estas questões emergentes e expectativas em mudança por prioridades e apresentá-las aos líderes da unidade de negócio ou da divisão para obter uma resposta. Nos serviços de crédito ao consumidor, por exemplo, as mudanças estão a ocorrer em diferentes países a diferentes velocidades relativamente a uma grande variedade de questões, incluindo limites das taxas de juro, limites de crédito e venda e concepção de produtos de seguros. Considerando este enquadramento, deverá proceder-se a uma análise mais profunda? Se sim, quais os riscos e os custos de se alterarem, ou não, políticas e práticas?

A terceira fase, que, como é óbvio, nem sempre ocorre, consiste em fornecer os recursos adequados para a implementação de novas políticas e práticas e – igualmente importante – para a monitorização dos resultados.

Implementar este tipo de sistema de aviso prévio numa unidade de negócio complexa – já para não falar de uma grande empresa transnacional e com vários negócios como a GE – é um processo fundamental

54   Ben W. Heineman Jr.

de gestão. Requer o *input* de especialistas e uma atenção constante por parte dos líderes de negócios. Contudo, se for realizado da forma correcta, tem um valor significativo.

Por exemplo, ao assumir este processo, o grande ramo dos serviços financeiros da GE tem-se concentrado na teoria emergente "aiding and abetting"* de serviços financeiros que resultou dos fiascos da Enron, da WorldCom e da Parmalat. Os reguladores acusaram entidades de serviços financeiros ("actores secundários") como o JPMorgan, o Citigroup e o Merrill Lynch por "assistência substancial" a clientes (os "principais culpados") que os actores secundários sabiam (ou deveriam saber) estar envolvidos numa conduta ilegal e incorrecta (como fraude fiscal ou contabilística). Mas a lei permanece incerta em relação ao Governo obrigar ao seu cumprimento ou a processos privados.[15] A "assistência substancial" não se limita à participação activa no comportamento ilegal. Pode estender-se ao conhecimento das acções indevidas do culpado principal ou, simplesmente, ao facto de se ignorar os sinais de alerta.

O que *está* claro é que as consequências de "aiding and abetting" podem ser graves: penalizações criminais para a empresa ou indivíduos; medidas de execução da lei como injunções, multas, impedimentos ou exclusões; ou decisões de pagamento de grandes indemnizações.

Para evitar o risco nesta área incerta, a GE criou sistemas importantes para os seus negócios financeiros e industriais. Este esforço definiu os sinais de alerta a vigiar (por exemplo aumento fictício das vendas através do envio de mais produtos do que os que o cliente irá vender e que depois serão devolvidos**, acordos paralelos ou pedidos dos clientes de certificação incompleta) e encontrou formas de os colaboradores terem consciência das áreas ambíguas, ao criar

---

* **N. T.** Teoria de responsabilidade criminal, segundo a qual é igualmente culpado quem ajudou directamente na prática de um crime (*aider*) e quem foi cúmplice passivo (*abettor*).

** **N. T.** No original, *channel stuffing*.

documentação apropriada e passar os assuntos mais problemáticos a especialistas.

2. *Avaliar a procura emergente por uma acção empresarial ética*

Aplicam-se sistemas de aviso prévio semelhantes a exigências de que a empresa tome acções "éticas" que se estendam para além dos requisitos financeiros e jurídicos. Estas exigências estão a surgir a uma taxa crescente por parte de *stakeholders*, ONG e comunidades académicas.

É importante ordenar estas questões éticas emergentes de acordo com o tipo de *stakeholder* envolvido: de colaboradores a accionistas e de clientes a fornecedores. Por exemplo, a GE procurou prestar uma atenção sistemática aos padrões de reclamação dos clientes e utilizar técnicas de percepção como a "voz do cliente".

As novas estratégias de negócio, produtos ou locais propostos podem ter dimensões éticas, o que deve ser expressamente referido no processo de decisão. Por exemplo: Quais as implicações de expandir o empréstimo *subprime* quando a empresa está a desenvolver uma iniciativa de empréstimo responsável? Quais as implicações de financiar fábricas poluentes quando a empresa está a tentar reduzir as suas emissões de gases com efeito de estufa e aumentar a eficiência energética?

Cada vez mais, as empresas têm um *vice president* para a cidadania empresarial que – ao consultar especialistas e líderes de negócios envolvidos – serve de ponto fundamental para agregar e ordenar estes assuntos. As questões de prioridade elevada devem ser analisadas cuidadosamente e enviadas para a comissão de risco empresarial do CEO para decidir se se deve, ou não, aceitar voluntariamente uma nova obrigação não exigida pelas normas financeiras ou jurídicas. Quando a GE reviu os princípios de governação do conselho de administração e da gestão em 2002, por exemplo, comprometeu-se a realizar uma revisão anual dos desenvolvimentos de governação. Em cada mês de Outubro, as mudanças possíveis são analisadas pelo conselho de administração. Se os *stakeholders* tiverem um forte argumento sobre um assunto de governação – como votação por maioria absoluta e não por maioria simples para os membros do conselho de administração – é provável que a mudança aconteça.

Outro processo importante para realçar assuntos éticos emergentes é a chamada "revisão de senso comum" das próprias práticas da empresa. Esta técnica foi instituída pela GE em 2005, em resultado das dificuldades sentidas pela corretora de seguros Marsh & McLennan, quando não comunicou adequadamente que estava a receber comissões condicionais de ambos os lados de algumas transacções seguradora/segurado – um problema que afectava igualmente outras corretoras. Argumentou-se que a comunicação incompleta da MarshMac de um potencial conflito de interesses para as partes afectadas tinha enquadramento legal. Mas "à clara luz do dia", foi obviamente uma má prática de negócios.

A GE desafia agora as suas unidades de negócio a destacarem as práticas negociais que levantam questões a nível de (1) padrões na indústria e de (2) simples bom senso. Interroga-se se, além da aparência, estas práticas também são de facto razoáveis e éticas. Por exemplo: as taxas de juro de um cartão de crédito devem ser "comunicadas" em linguagem técnica e letra pequena ou em linguagem compreensível e legível? O negócio de motores de aviões da GE utilizou uma revisão de "bom senso" para identificar uma série de questões que precisavam de resposta, incluindo se práticas específicas de emprego estavam a invadir a privacidade do colaborador, se certas despesas de "entretenimento" eram excessivas e se os clientes estavam a partilhar informação técnica de forma indevida com os concorrentes. Quando uma prática falhava no teste do bom senso, era modificada ou abandonada.

3. Lidar com riscos éticos e de reputação em países em desenvolvimento

Por norma, as empresas transnacionais fazem negócios em qualquer país, se a lei internacional o permitir e se o risco comercial for aceitável. Mas, como é óbvio, uma empresa pode optar por não fazer negócio num país que coloque riscos de reputação e integridade. Foi este o caso dos muitos negócios norte-americanos que abandonaram a África do Sul na década de 1980. Mas esta é uma decisão mais difícil de tomar no início do século XXI. Actualmente, os países podem patrocinar o terrorismo, desenvolver armas de destruição maciça, envolver-se em genocídios no próprio país, branquear capitais, desrespeitar os direitos humanos, participar em negócios de droga ou tornarem-se mal vistos pela comunidade internacional por qualquer outro motivo. Portanto, a questão básica – "Podemos fazer negócio neste país?" – é muito importante e garante outro tipo de sistema de aviso prévio.

Este processo pode começar com as listas anuais publicadas pelo Governo dos EUA referentes aos países que financiam o terrorismo, armas de destruição maciça, branqueamento de capitais, drogas e desrespeitam os direitos humanos. Estas listas são comparadas com a actividade comercial presente e planeada da empresa e são identificados os países a observar. São criados grupos de peritos para prever possíveis desenvolvimentos políticos, económicos, sociais, jurídicos e de política internacional nestes países de alto risco. O processo é gerido pelo executivo sénior da empresa responsável pela política internacional, em colaboração com os outros executivos seniores e os líderes de negócios, e que faz chegar os assuntos apropriados ao CEO.

Por exemplo: por o Irão ter surgido nas listas como financiador de terrorismo e que procura obter armas de destruição maciça, ganhou um lugar na lista dos países a observar. Após uma análise constante, Jeff Immelt decidiu em 2004, com a aprovação do conselho de administração, que a GE não aceitaria mais encomendas daquele país.

Isto pode parecer uma decisão fácil, mas não o foi. O negócio principal no Irão, conduzido por uma subsidiária estrangeira detida na totalidade pela GE, era o fornecimento de equipamento para oleodutos – principalmente compressores – a grandes empresas petrolíferas que trabalhavam nos campos do Irão. As vendas eram da ordem dos 300 milhões de dólares por ano. Embora as vendas directas norte-americanas estivessem proibidas ao abrigo da Lei de Sanções ao Irão e à Líbia, estas eram permitidas através dessas subsidiárias estrangeiras detidas na totalidade, desde que não houvesse envolvimento de cidadãos norte-americanos e se a componente dos EUA no produto fosse mínima. Mas o apoio do Irão à insurreição no Iraque e as graves questões sobre o potencial desenvolvimento de armas atómicas tornaram difícil defender as vendas apenas pela existência de enquadramento legal.

Ao mesmo tempo, importantes clientes globais com campos de petróleo estavam a contar com o fornecimento da subsidiária da GE na Europa. Será que não se podiam interrogar sobre a fiabilidade da GE enquanto parceiro, se tinha cortado unilateralmente todas as ligações ao Irão? E se os cientistas políticos e os estudiosos da ética consideram difícil fazer distinções morais entre países (não ao Irão, sim à Síria; sim à China, não a Myanmar), porque haveria uma empresa transnacional de considerar esta tarefa fácil?

Não é fácil. No final, a GE optou por deixar de aceitar encomendas do Irão por uma combinação de motivos empresariais e não empresariais: a hostilidade da política norte-americana em relação ao Irão; a hostilidade crescente de importantes investidores institucionais para com as empresas que tinham negócios no Irão; e, não menos importante, a ameaça constante do Congresso de eliminar a excepção às vendas das subsidiárias estrangeiras que, se posta em prática, impediria a GE de honrar contratos e fornecer os seus clientes.

Princípio 5: Encorajar o CFO e o director do departamento jurídico a serem parceiros e guardiães

Tanto ao nível central como das unidades de negócio, as funções financeiras e jurídicas fornecem verificações e equilíbrios fundamentais. Desempenham igualmente um papel determinante no desenvolvimento de muitos dos negócios necessários à prevenção, detecção, investigação e solução de violações de integridade – e na resposta a assuntos mais abrangentes como governação, cidadania, política pública e reputação. É claro que, ao mesmo tempo, estas funções – especialmente o CFO e o director do departamento jurídico – estão profundamente envolvidas na ajuda ao desenvolvimento e execução das principais estratégias comerciais.

Por outras palavras, têm de conciliar os papéis por vezes contraditórios de parceiros do CEO e guardiães da integridade e reputação da empresa. Tentar conseguir este equilíbrio e desempenhar ambos os papéis de forma eficaz, foi certamente um dos meus maiores desafios na GE. Mas reconhecer e lidar com esta tensão é absolutamente essencial na procura de um desempenho elevado com elevada integridade. O CEO, em particular, tem de encorajar o CFO e o director do departamento jurídico – assim como o líder dos recursos humanos – a desempenhar energicamente ambos os papéis, especialmente em alturas de incerteza e de *stress*.[16]

Em anos recentes, muitos CFO e directores do departamento jurídico falharam enquanto guardiães. Nos escândalos financeiros que começaram com a Enron e se centraram em práticas contabilísticas fraudulentas, vários CFO declaram-se culpados, foram considerados como tal por um júri ou demitiram-se, pois tinham caído em desgraça. E apesar de os directores do departamento jurídico não enfrentarem estas questões com tanta frequência, foi levantada uma questão pertinente: onde se encontravam os advogados? A resposta é que os advogados internos foram excluídos das decisões-chave ou não verificaram agressivamente se as acções problemáticas eram legais ou apropriadas. Em contrapartida, nos escândalos de alteração de datas de opções, quer os CFO quer os directores do departamento jurídico se sentaram no banco dos réus.[17]

Muitos comentadores questionaram se as funções financeiras e jurídicas internas – e, por acréscimo, o CFO e o director do departamento jurídico – podiam ser guardiães eficazes. As tentações financeiras pessoais – através de compensações monetárias, opções, acções e outros veículos de compensação – podem implicar directamente os actos corruptos. Ou, de forma menos visível, podem simplesmente afectar a capacidade do executivo de avaliar o que é certo para a empresa. Ao mesmo tempo, as pressões exercidas pelo CEO e outros líderes seniores, e o medo de represálias, desde o despedimento à despromoção e à humilhação – numa altura da carreira em que as obrigações familiares ou outras pessoais são elevadas – podem afectar a sua independência e bom senso.[18]

Podem o CEO e o director do departamento jurídico evitar ser alguém que diz um "sim" comprometido a tudo ou alguém que é pessimista e é excluído? Acredito profundamente que é possível resolver a tensão entre ser parceiro e guardião, e que a solução é determinante para o desempenho de cada um dos papéis. A chave passa por construir confiança entre o CEO e o líder principal da equipa – fácil de dizer, difícil de executar. A confiança não pode ser exigida; tem de ser conquistada. Mas precisa de nascer das condições que o CEO tem de especificar de forma explícita, e *sentir*, às quais o CFO e o director do departamento jurídico têm de obedecer e que o conselho de administração tem de compreender e aprovar.

Seguem-se alguns exemplos:

1. *Ser um parceiro forte*

Para o CFO, o papel de gerir os negócios é fundamental, pois as funções financeiras básicas – análise financeira das operações e opções estratégicas, avaliação de acordos, fiscalização, avaliação do risco financeiro, relações com investidores e preparação de demonstrações financeiras públicas – reúnem o CEO e o CFO numa base diária.

Para o director do departamento jurídico, o papel de parceria emerge à medida que ajuda o CEO a compreender que a lei pode ser utilizada de uma forma positiva e estratégica das mais variadas formas, incluindo atingir objectivos de negócios o mais rápido e eficazmente possível, fazer *due diligence* informativa e construtiva, ajudar a negociar transacções, simplificar contratos ao mesmo tempo que se mantém as protecções necessárias e ajudar a influenciar debates importantes sobre política pública. À medida que aprende o negócio, o director do departamento jurídico também pode participar eficazmente como um homem de negócios, e não "apenas" como advogado, ajudando a definir e a discutir questões-chave do mundo dos negócios.

2. *Ser um guardião forte*

Mas o CEO tem também de querer que o CFO e o director do departamento jurídico sejam vozes fortes a levantar questões relacionadas com os riscos de desempenho e de integridade. Em relação aos riscos de integridade, o CEO tem de reconhecer que o CFO e o director do departamento jurídico representam os interesses da empresa – e não os interesses do CEO. De facto, para serem guardiães eficazes, o CFO e o director do departamento jurídico devem ter fortes relações independentes com o conselho de administração. (Por lei, o director do departamento jurídico representa a empresa e não o CEO.)[19]

Nos seus papéis de guardiães, o CFO e o director do departamento jurídico têm de resistir a dar as respostas rápidas e simplistas que parecem necessárias em situações complexas e de rápida mudança – acordos, grandes negociações, exigências de reguladores governamentais, problemas operacionais em mercados emergentes, questões de segurança do produto. O trabalho fundamental é ajudar a decisão do CEO, ao encontrar factos determinantes e ao conduzir análises eficazes. Claro que, quando os casos são simples, podem e devem responder rapidamente e de forma vinculativa: "Não, não podemos reconhecer receitas indevidas. Não, não podemos dividir mercados com um concorrente." Da mesma forma, têm igualmente de ter a experiência e a sabedoria para dar o seu consentimento – sem criarem um memorando para proteger a sua situação – quando apoiam positivamente uma acção proposta.

Mas a maior parte das questões que são uma mistura entre negócio e integridade vêm com *nuances*. Nestes casos, a tarefa do CFO e do director do departamento jurídico é apresentar opções ao CEO que – embora tenham todas um enquadramento legal e sejam todas baseadas em pressupostos claramente assentes sobre factos – envolvam níveis variados de risco jurídico, de regulamentação, ético e de reputação. Se forem necessários mais factos, isso tem de ser ponderado contra as pressões de tempo.

Enquanto director do departamento jurídico da GE, senti ser importante fazer e defender uma recomendação – mas apenas depois de articular as alternativas de *nuances* ao CEO, que tomava a decisão sobre o limite do risco de integridade a assumir. Esta abordagem evitou a simples resposta "não" e obrigou-me a trabalhar com outros no desenvolvimento de alternativas negócio/integridade para atingir o objectivo de desempenho. Por exemplo, se importantes questões de saúde, como uma contaminação com amianto, fossem descobertas no decurso de uma proposta de aquisição, havia a tentação de dizer simplesmente "não" àquele acordo. Mas procurámos sempre alternativas. Por exemplo, era possível estruturar a transacção de modo a que o vendedor assumisse a maior parte – ou a totalidade – do risco? Isto podia não eliminar totalmente o problema para a GE, mas eliminava-o de forma significativa. Mesmo assim, o CEO poderia questionar se o acordo valia a pena.

3. *Construir organizações financeiras, jurídicas e de recursos humanos fortes*

Os papéis de parceiro/guardião – e a tensão parceiro/guardião – fluem na empresa em sentido descendente. Tal como os seus pares a nível central, os gestores financeiros e os conselheiros jurídicos de divisão têm de conquistar a confiança dos seus líderes de negócios para trabalharem quer como parceiros quer como guardiães. A força da empresa depende de ter jogadores de nível mundial – pessoas com conhecimento, experiência, abertura, coragem e independência – por toda a organização.

Isto significa que o CEO deve apoiar a contratação dos profissionais mais capazes para estas funções, mesmo que venham de fora da empresa. Na GE, Jack Welch (e posteriormente Jeff Immelt) apoiaram os meus esforços para contratar parceiros excepcionais de empresas jurídicas privadas e que eram especialistas em áreas específicas (como impostos, transacções, *antitrust* ou propriedade intelectual) ou que eram conhecedores de fusões e aquisições ou de processos litigiosos. A sua fórmula era simples: pagar as taxas de mercado em compensações monetárias e oferecer-lhes também uma boa participação nas acções da empresa. Estavam convencidos de que os benefícios de contratarem os melhores parceiros/guardiães para a empresa ultrapassavam em muito os custos – e a sua visão transformou os departamentos jurídicos internos.[20]

Uma segunda regra-chave é que os advogados "especializados" ou "operacionais" são contratados em conjunto pelo líder de negócios e pelo CFO ou director do departamento jurídico da empresa, mas podem ser dispensados por qualquer um destes – o conceito "contratado por todos, dispensado por um".[*] Em algumas empresas, existem equipas jurídicas e financeiras únicas que servem todas as unidades de negócio. Em outras, são descentralizadas e os líderes das divisões de negócio contratam as suas próprias equipas. Em ambas as situa-

---

[*] **N. T.** No original, *both hire, either fire.*

ções, o líder de negócios e o CFO/director do departamento jurídico principal têm de acordar quem serve o líder de negócios – mas o CFO/director do departamento jurídico precisam de ter uma relação independente (uma linha directa ou quase directa) para garantir que a equipa financeira e jurídica desempenha correctamente o seu papel de parceiro/guardião do negócio.

4. *Reconhecer os pontos de* stress

Conciliar a tensão entre os papéis de parceiro e de guardião requer o reconhecimento sincero dos pontos-chave de *stress*. Os líderes de negócios, por natureza, andam sempre muito apressados – e, sob múltiplas pressões, podem não ter paciência para análises profundas ou recomendações que apresentam diferentes possibilidades. Algumas das questões mais difíceis de negócios e de integridade surgem durante gestões de crise e não durante o processo formal de tomada de decisão estratégica. Pressões de grupos podem silenciar ou dispensar alguém que tente levantar questões numa situação difícil, especialmente se seus os pontos de vista não estiverem completamente formados ou forem defendidos com pouca clareza. E claro que, quando os líderes de negócios começam a sentir a pressão da gestão para atingir os objectivos de desempenho, podem estar menos dispostos a considerar questões de integridade levantadas pelos pares ou subordinados.

É aqui que entra o CEO. Quase invariavelmente, o CEO testa as propostas ao ser céptico, ao opor-se energicamente, ao fazer perguntas difíceis, ao argumentar o ponto de vista contrário e, geralmente, ao obrigar as pessoas a defenderem as suas posições – tal como deveriam fazer! Está muito em risco e as tomadas de decisão ao mais alto nível têm de ser competitivas. Mais uma razão por que o CFO e o director do departamento jurídico têm de assumir energicamente o papel de guardiães, não ter medo de responder com franqueza ou argumentar, não ser influenciados por pressões pessoais ou de grupos e manter o sangue frio. Não podem permitir que os seus pontos de vista sejam sumariamente dispensados no calor da batalha. Têm de garantir que são postos em cima da mesa, compreendidos e levados em conta no processo de decisão.

5. *Salientar a importância do duplo papel*

Os CEO não podem deixar margem para dúvida em qualquer nível da empresa de que querem apresentações de soluções francas, irrepreensíveis e vinculativas relativamente ao risco financeiro, jurídico, ético e de reputação. Podem conseguir isso de várias formas:

- Ao contratar pessoas credíveis e independentes para as posições de CFO e director do departamento jurídico, que tenham fortes reputações ao nível de eficácia e integridade e com a capacidade comprovada de construir organizações fortes.

- Ao tornar claro para a empresa em todas as reuniões – desde o mais pequeno grupo de decisão ao maior – que esperam que os líderes (especialmente os líderes de equipas) sejam parceiros nos negócios e guardiães da organização.

- Ao tornar claro ao CFO e ao director do departamento jurídico em particular, desde as conversas iniciais de contratação às revisões de desempenho e compensação, que querem e esperam guardiães cuidadosos e honestos que sejam, igualmente, parceiros eficazes e especializados.

- Ao deixar claro o compromisso do CEO para com o papel duplo perante o conselho de administração: concordar com a descrição da função de CFO/director do departamento jurídico, seleccionar administradores para conhecerem os candidatos finais a CFO ou director do departamento jurídico e marcar sessões regulares para que o CFO e o director do departamento jurídico se reúnam sozinhos com o conselho de administração, defendendo a importância da independência do papel duplo.

Os elementos complexos da química e da confiança que têm de existir entre o CEO e os líderes de equipa são difíceis de descrever e mais difíceis de aplicar na prática. Mas é uma das dimensões mais importantes de uma empresa com desempenho elevado e elevada integridade. O meu objectivo pessoal com Jack Welch e Jeff Immelt não era ser amigo deles. Era ter uma relação pessoal e profissional forte e respeitosa em que eles quisessem que eu dissesse o que considerava ser melhor para a empresa. Tive muita sorte. Mesmo quando as reuniões estavam quentes e o *stress* elevado, e apesar dos seus estilos pessoais muito diferentes, ambos queriam que eu fosse franco.

Princípio 6: Incentivar consciência, conhecimento e compromisso por parte dos colaboradores

Uma cultura de desempenho elevado com elevada integridade baseia-se no compromisso de todos os colaboradores:

- Em compreender as suas obrigações formais e éticas.

- Em fazer as coisas bem de acordo com essas obrigações.

- Em fazer as coisas certas ao cumprirem os valores da franqueza, da honestidade, da justiça, da seriedade e da confiança.

A lição mais importante resulta da simples observação de como os seus pares e líderes lidam com situações difíceis e de enorme pressão com integridade. Mas em muitos aspectos a empresa precisa de ajudar os colaboradores a ganhar consciência dos riscos, mostrar-lhes como encontrar a melhor resposta e reforçar o seu compromisso em fazer o que é certo.

Ensinar estas questões aos colaboradores é um grande desafio – um em que se fala muito, mas no qual se investe pouco pensamento criativo. Esta é verdadeiramente uma oportunidade perdida. Num ano normal, a GE (apenas para citar um exemplo) contrata mais de 20 mil profissionais, recebe outros milhares através de aquisições e promove ainda outros para posições no estrangeiro. Muitos deles entraram na empresa para obter educação e formação que os ajudasse a avançar na carreira – por exemplo em áreas como engenharia, finanças, *marketing*, vendas e desenvolvimento tecnológico. Os CEO enaltecem com orgulho a cultura de "aprendizagem" da empresa.

Mas o típico programa de "formação em integridade" é menos atractivo. Especialmente para colaboradores multiculturais com pouco *background* em questões como "negócios em sociedade", estes programas podem parecer irrelevantes, estéreis e aborrecidos. O CEO e os líderes da empresa têm de comunicar que as competências de integridade são tão importantes como as de negócios – e, de facto, procurar formas de ensinar estas duas competências em simultâneo, sempre que possível, numa verdadeira "empresa de aprendizagem". Esta formação tem de confrontar com franqueza as explicações, há muito existentes, que os colaboradores utilizam para a conduta inapropriada, especialmente em mercados emergentes: é o normal daqui; não é propriamente ilegal; ninguém vai saber; a empresa consente; não haverá consequências.[21]

1. *Articular a palavra*

O primeiro passo fundamental na educação e formação é articular "a palavra", isto é, *o que as pessoas devem fazer*. É simples de se dizer, mas envolve um complexo fluxo descendente de princípios sobre questões financeiras, jurídicas e éticas. Pode consistir, por exemplo:

- Num código de conduta simples e claro que articula as aspirações básicas da empresa. O código de uma página da GE procurou transmitir o essencial sob o título *everywhere, every day, everyone*[*]: "Obedecer à legislação e regulamentação aplicáveis que regem a nossa conduta de negócios em todo o mundo. (...) Ser honesto, justo e de confiança em todas as actividades e relações. (...) Através da liderança em todos os níveis, apoiar uma cultura na qual a conduta ética seja reconhecida, valorizada e exemplificada por todos os colaboradores." Mas isto é apenas o primeiro passo numa viagem de mil quilómetros.

- Num guia de políticas complementar que apresenta as políticas básicas de integridade aos colaboradores de todo o mundo, sobre questões complexas como a concorrência desleal, suborno, conflitos de interesses, danos ambientais, aprovisionamento pouco ético, invasão de privacidade e branqueamento de capitais. Este guia deve descrever não apenas o que deve ser feito, mas também aquilo com que ter cuidado (sinais de alerta). Deve descrever problemas importantes existentes no mundo real e fornecer respostas. Na GE, chamámos ao nosso guia *Spirit and Letter*[**], com o "espírito" a definir temas abrangentes e valores fundamentais como honestidade, franqueza, justiça, seriedade e

---

[*] **N. T.** Em toda a parte, todos os dias, todos os colaboradores.
[**] **N. T.** "O espírito e a letra".

confiança, e a "letra" a descrever em pormenor as políticas globais de integridade na *Web*. O guia foi traduzido em 31 línguas.

• Para questões importantes comuns a toda a empresa, em directrizes muito mais pormenorizadas a implementar para responder a questões complexas e recorrentes – como pagamentos indevidos, relações com fornecedores, relações com distribuidores ou concorrência leal. Na GE, escrever estes guias detalhados levou-nos a raciocinar sobre posições uniformes da empresa relativamente aos tipos de problemas complicados que os colaboradores e líderes na linha da frente apresentavam com frequência – situações como exigências de contribuições para campanhas políticas e pedidos para um membro da família dirigente de um país ser aceite como parceiro de negócios. A GE desenvolveu ainda um grande conjunto de políticas e directrizes detalhadas específicas para os vários negócios – NBC, energia, motores de aviação, crédito ao consumo, etc. – que exigiram o mesmo tipo de pensamento e esforço.

A "palavra" não é apenas o que se deve fazer, mas também o porquê de se dever fazê-lo. E este "porquê" tem duas dimensões: o porquê de a regra existir e o porquê de ser tão importante para a empresa. Acredito que, sem estes "porquês", o "quê" fica sem efeito. O motivo? Porque não trata as pessoas com respeito. As pessoas não querem simplesmente receber ordens; precisam de explicações e de compreender.

2. *Comunicar*

A questão fundamental descrita acima permanece: "Como é que uma empresa comunica a essência dos princípios de integridade de modo a que todos conheçam *e* compreendam a mensagem?" São necessários múltiplos passos e que se reforçam mutuamente.

- Uma orientação franca salienta que estas questões não são apenas retórica dilbertiana*, mas reais. Na GE, cada nova contratação começava com um vídeo de 18 minutos, produzido pela NBC e narrado por um grande talento da estação. Mas estava longe de ser entusiástico e presunçoso. Em vez disso, o filme descrevia, de forma expressiva e eficaz, erros graves que colaboradores tinham cometido na empresa – por exemplo, a fraude nas compras em Israel e a tentativa de alteração de dados no Japão – e as suas graves consequências. O objectivo era tocar as pessoas emocionalmente e transmitir, de forma sincera, os tipos de problemas que surgem numa empresa global complexa.

- É essencial um sistema de acompanhamento, de formação e de teste (a que chamo de "3T"**). Todas as posições são avaliadas em termos de risco para se identificar o tipo de matérias de formação requeridas. Estas podem ir desde o básico nível 1 de *Spirit and Letter*, dirigidas a todos, até às mais sofisticadas da formação de nível 2 para aqueles que se encontram em posições onde o risco é mais elevado: desde gestores de fábricas com responsabilidades ambientais complexas a equipas de vendas em locais complicados como a Rússia ou a China. Cada colaborador é acompanhado quando muda para uma nova posição na empresa. Dentro de um prazo determinado, têm de receber formação *on-line*. A formação inclui uma componente de teste para verificar se a informação foi apreendida. Os colaboradores são acompanhados, é-lhes dada formação contínua e feita uma avaliação de conhecimentos perió-

---

* **N. T.** Referência à banda desenhada norte-americana *Dilbert*, que satiriza a vida nas empresas.

** **N. T.** No original, o sistema designa-se por *tracking, training, and testing system*, daí a referência aos três "T".

dica, especialmente se se encontrarem em posições de alto risco. Isto porque, se não se tornarem mais conscientes, conhecedores e comprometidos, todo o exercício será em vão.

- A aprendizagem com base em casos capta as "mentes e os corações". Colocar pessoas em situações complicadas – o seu concorrente deixa, por distracção, o documento com os seus preços na sala de reuniões do cliente – faz com que tenham de lidar com forças e considerações contraditórias, de desempenhar papéis diferentes e de procurar formas alternativas de abordar o problema. Este tipo de aprendizagem pode ser facilitado através de um programa da *Web* interactivo, mas nada substitui uma formação intensiva em recursos e presencial com formadores experientes, de preferência de dentro da empresa.

- A utilização de fracassos ou sucessos reais tem um enorme impacto. Descobrimos que havia um impacto ainda maior quando os líderes de negócios apresentavam casos reais de acções indevidas – pessoalmente, em reuniões de equipas de topo, ou por toda a organização através de mensagens pela Internet. Tentámos utilizar a curiosidade para uma boa causa. Alterando os factos apenas de forma a proteger identidades, estas apresentações revelavam a raiz dos problemas, explicavam as acções disciplinares que se seguiram e descreviam as lições que se retiravam de cada caso.

- De acordo com a minha experiência, a combinação da formação em competências de integridade com a formação em competências de negócios é o ideal. Quando se ensina os colaboradores a submeter propostas ao Governo ou a fazer aquisições no estrangeiro, por exemplo, a dimensão da integridade deve ser apresentada de modo a prender a sua atenção e a demonstrar a importância de fundir desempenho elevado com elevada integridade. Na GE, o negócio da energia desenvolveu um *site* de melhores práticas, Sales Channels University*, que combinou formação de negócios e de ética.[22]

3. *Lidar com as diferenças culturais com frontalidade*

A educação e a formação em integridade por todo o mundo tem de identificar e lidar com frontalidade com as práticas culturais locais que são (ou parecem ser) muito diferentes das normas globais da empresa. Por exemplo, devido às consequências trágicas na Europa de colaboração com uma polícia secreta totalitária e implacável – a Gestapo dos Nazis e a Stasi da Alemanha de Leste do pós-guerra, por exemplo – colaboradores europeus de certa idade sentem-se relutantes em utilizar o sistema de provedoria para reportar preocupações em relação a outros colaboradores. Reconhecer essa situação e explicar que o sistema de provedoria é diferente – a informação será tratada de forma imparcial e não pode ser utilizada para vinganças políticas – começa a resolver uma questão muito enraizada. Mas nada substitui a contratação de colaboradores locais, altamente respeitados, para desempenhar o papel de provedores, que depois o explicam ao restante pessoal. (Descrevo o sistema de provedoria mais à frente com maior detalhe.)

De forma semelhante, na Ásia oferecer negócio a membros da família ou pagar subornos pode ser uma norma da cultura local. Os novos colaboradores podem ter trabalhado em empresas locais, ou mesmo globais, que toleram essas práticas. As empresas têm de conceber programas que não menosprezem a cultura local (e, por implicação, os seus colaboradores, família e amigos), mas que expliquem por que motivo estas práticas são consideradas inaceitáveis numa

---

* **N. T.** "Universidade dos canais de venda".

empresa global. Dar formação a terceiros em diferentes culturas – fornecedores, parceiros de *joint ventures*, distribuidores, consultores – é igualmente necessário (mas difícil).[23]

4. Conceber programas de educação e de formação específicos para líderes

Um guia diferenciado de integridade para líderes – uma "palavra" especial para eles – deve apresentar as responsabilidades básicas da liderança relativamente a princípios e práticas gerais (prevenção, detecção, resposta) e para áreas políticas específicas (emprego justo e controlos para as exportações, por exemplo). Todos os executivos seniores da empresa devem igualmente ter acesso a programas de formação em liderança feitos à sua medida, adequados ao seu negócio, à sua função, à sua concorrência e à sua localização, dentro de um determinado prazo após assumirem a sua função. Poderá ser necessária nova formação se um executivo mudar de função para um novo negócio ou mercado, devendo haver um curso de "reciclagem" – mesmo que não ocorram mudanças de função – a cada dois ou três anos.

No controverso mundo da economia global, as empresas deviam igualmente criar cursos especiais mais abrangentes para os líderes jovens e emergentes, sobre questões sociais e de negócios: debates sobre cidadania; as formas como o Estado influencia a concorrência e a rentabilidade; processos de política pública em diferentes países; maneiras de encarar questões éticas; e risco político de um país. A maioria dos líderes surgiu de grupos especializados sem uma visão alargada e a maior parte das empresas (incluindo a GE) não oferece esta formação aprofundada – ou mesmo nenhuma.

Na GE, a população-alvo para formação em liderança são os quatro mil colaboradores de topo (200 responsáveis de departamento, 400 executivos seniores e 3300 executivos). A formação inicial em liderança dura, no mínimo, um dia completo. Uma ferramenta informática de auto-avaliação de líderes, desenvolvida pelos negócios da GE, visa estimular a acção. Coloca aos líderes uma série de questões detalhadas sobre as suas acções em seis dimensões: empenhamento pessoal, avaliação e redução do risco, comunicação e resolução de preocupações, avaliações – *e* uma educação e formação abrangente combinada com uma estratégia de comunicação mais alargada de desempenho elevado com elevada integridade.[24]

Princípio 7: Dar voz aos colaboradores

Um dos princípios mais importantes na criação de uma cultura de desempenho elevado com elevada integridade, e para garantir uma responsabilização por toda a organização, é dar "voz" aos colaboradores. Isto significa encorajar (e, de facto, exigir) a comunicação de preocupações sobre possíveis violações de padrões financeiros, jurídicos ou éticos, e enfrentá-las de imediato.

Isto contrasta com a "cultura de silêncio" descrita pelo director do departamento jurídico da Boeing num discurso inflamado em Janeiro de 2006 – proferido para a gestão de topo a pedido do novo CEO Jim McNerney – como uma causa importante dos escândalos de roubo de documentos e de conflitos de interesses da empresa.[25] De facto, na maior parte dos escândalos em anos recentes, os colaboradores estavam a par de comportamentos problemáticos, mas tinham medo de expressar as suas preocupações ou não o podiam fazer porque ninguém os ouviria. Quer no caso das entidades extrapatrimoniais da Enron ou da fraude da WorldCom, o problema podia ter sido resolvido muito mais cedo e com muito menos estragos se a empresa tivesse a capacidade de ouvir e de dar a atenção merecida às preocupações dos colaboradores.

A voz dos colaboradores pode ser apresentada através de, pelo menos, quatro canais.

1. *O sistema de provedoria*

Praticamente todas as comunicações sobre integridade, orais e escritas, aos colaboradores, a começar pelo guia fundamental de integridade, devem realçar a importância de se apresentar as preocupações e enfatizar o "sistema de provedoria". Na GE, o provedor é uma pessoa de dentro da empresa, neutra, escolhida pelas suas competências pessoais e não pelo conhecimento funcional, porque a confiança é essencial. O provedor:

- Dá a conhecer às equipas da área financeira, jurídica e de recursos humanos questões que surjam relativamente a integridade, para que sejam investigadas.
- Acompanha todas estas questões para garantir uma rápida resolução.
- Mantém o colaborador actualizado sobre a situação.

A palavra *preocupação* é mais adequada do que *possível violação* ou *acusação*, porque encoraja os colaboradores a relatar abertamente as questões éticas e de reputação, bem como assuntos de políticas formais – e é melhor ter comunicações a mais do que a menos.

O provedor central supervisiona os outros provedores da empresa por todo o mundo (Europa, Ásia, Médio Oriente, América Latina), bem como o sistema de provedores em cada um dos negócios globais. A GE tem mais de 600 colaboradores em cerca de 45 países com esta função – alguns a tempo inteiro, outros a tempo parcial – e o sistema tem capacidade para receber preocupações em 31 línguas. Em anos recentes, foram reportadas cerca de 1500 preocupações anualmente, com cerca de 50 por cento apenas à procura informação, mas com sensivelmente 20 por cento a conduzir a graves acções disciplinares.

Um sistema eficaz tem os seguintes elementos:

- Os colaboradores devem ser seriamente encorajados a comunicar de imediato as suas preocupações, através do provedor central ou de cada um dos negócios, ou de equipas funcionais, utilizando para o efeito as linhas de ajuda relativas à questão da integridade, cartas, telefone ou *e-mail.* Podem optar pelo anonimato. Todas as preocupações são registadas centralmente no sistema de provedoria.

- Os colaboradores têm o dever de comunicar preocupações – e de não retaliar. O sistema de provedoria funciona apenas se (1) os colaboradores tiverem a obrigação de comunicar as preocupações e (2) forem punidos caso não o façam, o que inclui a sua dispensa em casos em que assuntos muito graves (por exemplo pagamentos indevidos e fraudes contabilísticas) não sejam comunicados. Por outro lado, é explicado – mais uma vez em todas as comunicações sobre a integridade – que a retaliação constitui igualmente uma ofensa grave, conduzindo provavelmente à demissão.

- As equipas da área financeira e jurídica têm de investigar por completo, de forma justa e imediata, todas as preocupações, sem receio ou parcialidade. Não se pode permitir que a política empresarial ou outras pressões internas interfiram na descoberta dos factos (de forma rápida e profissional) e na elaboração de recomendações independentes sobre disciplina individual e mudanças no sistema. Se as alegações disserem respeito a colaboradores de topo, o CFO ou o director do departamento jurídico podem aconselhar o CEO ou o conselho de administração a contratar investigadores externos para evitar potenciais conflitos de interesses.

- Devem ser dados a conhecer periodicamente ao CEO e ao conselho de administração os casos importantes do sistema de provedoria e resumos estatísticos. Os assuntos que chegam através da linha de ajuda e os que chegam através da *hotline* para a administração, obrigatória de acordo com a Lei Sarbanes-Oxley*, devem ser reportados separadamente.[26]

2. *Revisões* bottom-up ** *do negócio*

Uma segunda forma de dar voz aos colaboradores é uma revisão *bottom-up* anual: uma componente importante da revisão mais abrangente e periódica sobre integridade em todos os negócios. Na GE, esta revisão inicia-se com os colaboradores de nível mais baixo em cada país. Os gestores financeiros, jurídicos ou os próprios gestores dos colaboradores perguntam-lhes se localizaram alguns riscos ou se não concordam com algum aspecto da infra-estrutura de integridade. Esta revisão vai subindo na hierarquia pelos locais, países e regiões, dando aos colaboradores de posições mais elevadas a mesma oportunidade de avaliarem os esforços de integridade da empresa. (As preocupações sobre os comportamentos individuais seguem directamente para o sistema de provedoria.) Culmina num relatório dos resultados globais que identifica e põe por ordem os riscos, políticas e processos que foram alvo de mais questões ou comentários.[27]

---

* **N. T.** Lei norte-americana de 2002 que veio estabelecer as condutas a seguir pelas empresas cotadas em bolsa e que surgiu no seguimento de vários escândalos empresariais e contabilísticos, nomeadamente com a Enron e a WorldCom.
** **N. T.** Direcção do fluxo de informação ou das decisões, dos níveis hierárquicos mais baixos para os níveis hierárquicos mais altos.

3. *Uma equipa de auditora central de elite*

Esta equipa é um dos activos principais da organização e pode servir como outro importante canal para os colaboradores expressarem as suas preocupações. A equipa de auditoria focaliza-se em assuntos essenciais de controlo: integridade financeira (por exemplo balanço, consolidação de contas, processos de controlo e competência legal), cumprimento de princípios éticos e jurídicos, e gestão do risco. Concentra-se igualmente em assuntos importantes numa posição de crescimento: *due diligence*, integração de aquisições e alienações. Passa 80 por cento do seu tempo a fazer auditoria relativamente à adesão a padrões financeiros, jurídicos e éticos globais, incluindo questões em domínios complicados como terceiros intervenientes, localizações remotas, tecnologias de informação e contratos com governos. Durante o ano, a equipa de auditoria contacta com uma grande variedade de colaboradores. Escuta as suas preocupações sobre sistemas, processos e práticas dos seus negócios, em especial aquelas que não querem referir na própria revisão *bottom-up* do negócio ou que podem ser muito complexas para dirigir ao provedor. A equipa de auditoria reporta regularmente ao CFO, ao conselho de revisão de cumprimento da empresa e à comissão de auditoria – tanto temas da organização como questões importantes levantadas pelos colaboradores.

A equipa de auditoria central da GE tem um registo longo e distinto. Em 2007, era constituída por mais de 500 elementos, 50 por cento dos quais não eram cidadãos dos EUA. Operava em 44 países e cobria 95 por cento de todos os activos da GE num período de dois anos. Além disso, foi sempre vista como uma importante porta de entrada para a liderança da empresa. Os elementos desta equipa alcançam facilmente posições-chave no negócio (frequentemente na área financeira) e quase 20 por cento dos 200 responsáveis de departamento da GE formaram-se na equipa de auditoria, onde aprenderam os princípios fundamentais de fusão do desempenho elevado com elevada integridade.

4. *A forte ligação entre as áreas financeira e jurídica*

Há uma longa tradição na GE de os directores financeiros e jurídicos dos negócios – e, de facto, toda a equipa financeira e jurídica – terem não só acesso directo ao líder de negócios da divisão, mas também uma forte ligação ao CFO e ao director do departamento jurídico (e, no caso dos recursos humanos, ao líder dos RH) a nível central. A GE espera que as equipas das divisões financeiras e jurídicas reportem e se aconselhem junto do CFO, do director do departamento jurídico e de outros líderes empresariais seniores da área financeira e jurídica quando surgirem questões significativas acerca de riscos comerciais, jurídicos, éticos e de reputação nas suas unidades. Os líderes das várias funções da empresa avaliam se existe um problema, consultam outros líderes do negócio sobre como lidar com ele e – se não for possível resolvê-lo ao nível das divisões – discutem a melhor forma de o levar ao CEO.

Não é fácil manter estas linhas de comunicação abertas. Depende de confiança mútua. O CFO e o director do departamento jurídico (e o líder dos RH) têm de conquistar a confiança dos seus homólogos nas unidades de negócio – e dos seus líderes – ao serem verdadeiros conselheiros: ouvir, colocar questões, testar ideias e sugerir acções possíveis. Têm de resistir à tentação de reivindicar o controlo sobre o assunto ao "correr para o CEO". Claro que os temas muito importantes e urgentes têm de ser entregues ao CEO (ou ao conselho de administração), mas o CFO ou o director do departamento jurídico podem ajudar o negócio a assumir o comando ao fazê-lo eles próprios.

Por seu lado, os CFO e os directores do departamento jurídico das unidades de negócio têm de honrar a obrigação de reportar aos seus superiores as preocupações sérias – apesar de existir uma tentação constante de proteger a relação com o líder da unidade de negócio ao reter a informação. A empresa tem de realçar que o director financeiro, jurídico ou de recursos humanos de cada unidade tem a obrigação de alertar o CFO, o director do departamento jurídico ou o líder dos recursos humanos principal para grandes preocupações financeiras, jurídicas, éticas ou de reputação. Uma falha na comunicação a superiores pode conduzir a sanções graves, incluindo a demissão. A forte ligação significa que o CFO, o director do departamento jurídico e líder dos recursos humanos da empresa podem ajudar a garantir que isto acontece, pois têm uma grande influência nas compensações monetárias, gratificações em títulos e promoções.

Estes quatro canais enquadram um esforço mais alargado para criar uma empresa aberta e sincera. Na GE, decorrem simultaneamente com "exercícios" que encorajam os colaboradores a criticar e a reconstruir processos básicos da empresa. Ao dar genuinamente voz aos colaboradores por toda a empresa, e ao tratar as suas preocupações com respeito e profissionalismo, os líderes de negócios, a começar no CEO, enviam uma mensagem significativa sobre a importância de uma cultura de resolução interna dos problemas: uma cultura que consegue identificar o que está errado e discute, abertamente, o que está certo.

Esta voz "colectiva" de colaboradores não só detecta, como também previne. Ao aproximar-se do fim de um trimestre complicado, um líder de negócios pouco ético tem de pensar duas vezes antes de responsabilizar a sua equipa por uma acção contabilística indevida e, possivelmente, desencadear uma investigação de integridade.

A minha experiência de muitos anos foi que estes canais raramente são usados de forma incorrecta e não criaram um clima de medo ou calúnia. Os colaboradores que comunicavam as preocupações sabiam, pela experiência de longa data da empresa, que estas seriam tratadas de forma independente, examinadas com profissionalismo e decididas com base em factos e não em políticas internas. As queixas infundadas não funcionavam.

Princípio 8: Pagar pelo desempenho com integridade

O desafio para as empresas não é apenas recompensar o desempenho financeiro. O principal objectivo deve ser um programa de compensação que premeie o desempenho com integridade. É óbvio que a maior parte das empresas *alega* que inclui as questões de integridade nas decisões de compensação e promoção. Mas quantas empresas utilizam importantes ferramentas de avaliação para que uma verdadeira responsabilização pela integridade "crie raízes"? E quantas utilizam isto para além dos responsáveis de topo e chegam ao grupo principal de líderes responsáveis pelas unidades P&L ou a jogadores-chave nas equipas de negócios?

Existem quatro práticas-chave subjacentes a este princípio.

1. *Utilizar objectivos e metas – e avaliações – anuais*

Deve iniciar-se pela transformação das questões de integridade em objectivos e metas anuais para os líderes seniores. Por exemplo: resolver problemas de integridade identificados em *due diligence*, contratar um especialista em saúde e segurança ambiental, reduzir o número de distribuidores externos em mercados difíceis para diminuir o risco de pagamentos indevidos, minimizar as queixas de clientes e de colaboradores ou gerir habilmente um assunto controverso. O CEO deve discutir estes objectivos anuais específicos de integridade com subordinados directos, identificá-los como uma base para a compensação e avaliá-los sistematicamente no final do ano – tal como com os objectivos de desempenho.

2. *Avaliar o próprio programa do líder*

As empresas têm de avaliar os líderes de negócios pelos seus esforços em criar, na sua unidade ou divisão, sistemas, processos e uma cultura fundamentais de desempenho elevado com elevada integridade. Os princípios e práticas fundamentais fornecem os padrões necessários: a força da infra-estrutura de integridade, a força da voz dos colaboradores, a adequação dos sistemas de aviso prévio ou a contratação de jogadores de "classe A", apenas para referir alguns. A GE utilizava uma variedade de técnicas de avaliação: auditorias; estatísticas de provedoria; inquéritos aos colaboradores; revisões no local por líderes de topo, quer nos EUA ou no resto do mundo; revisões das equipas centrais; revisões formais dos negócios por parte do conselho de cumprimento empresarial; resolução de controvérsias ou problemas difíceis; e como o líder respondia a crises. Muitas destas avaliações – como os relatórios dos provedores ou informações sobre a saúde e segurança ambiental das fábricas – têm uma dimensão quantitativa e as comparações anuais com o próprio negócio podem ser um critério importante. Por último, a ferramenta de auto-avaliação utilizada na formação em liderança transmite um conjunto detalhado de acções em relação às quais os líderes podem ser avaliados.[28]

3. *Utilizar avaliações comparativas*

Outro método eficaz de avaliar o desempenho com integridade é comparar o negócio do líder com outros numa sociedade empresarial com vários negócios ou – quando houver informação disponível –

com empresas semelhantes. Estas comparações podem basear-se nas análises das equipas de auditoria a toda a empresa (por exemplo, qual dos negócios tem mais questões de auditoria em aberto), no número total de processos legais relevantes instaurados ou nas avaliações anteriores de reguladores relativamente aos padrões e às melhores práticas da indústria.

As comparações dos temas de integridade financeira e jurídica entre unidades são uma forma eficaz de avaliar e motivar os líderes de negócios – em especial quando os líderes de topo de uma empresa, nas suas reuniões regulares, analisam gráficos que comparam o seu desempenho. Em que posição se encontram os líderes nos vários ajustes de auditoria requeridos num ano e com que velocidade terminam os assuntos em aberto? Como é que se comparam relativamente a preocupações que conduziram a uma acção registadas no sistema de provedoria ou à análise feita pelas equipas de auditoria aos programas de integridade na Ásia?

Na GE, o sistema de comparação de relatórios do grupo ambiental da empresa permitiu ao CEO comparar todas as fábricas e todos os negócios com base numa série de parâmetros de saúde e segurança ambiental – com o último quartil a receber "caixões" à volta dos resultados relevantes (por exemplo, licenças perdidas, descargas ilegais) e o primeiro quartil a ser contemplado com "auréolas".

Outra ferramenta-chave para avaliar a liderança é o inquérito anual feito aos colaboradores. Em 2006, mais de 127 mil profissionais da GE responderam a um inquérito anónimo (que gerou uma taxa de resposta de 95 por cento) que visava saber se concordavam ou não com a seguinte declaração: "Por aqui não há excepções no que respeita a conduzir o negócio de uma forma ética." No total, 85 por cento concordaram e cinco por cento não. Mas estes números variaram nas diferentes unidades de negócio e estas variações levantaram importantes questões acerca da intensidade e eficácia da liderança. Por exemplo, quando 23 por cento dos inquiridos num inquérito regional da GE responderam que os líderes estavam mais preocupados com os resultados do que com o cumprimento, a mudança foi imediata: novos líderes, reorganização do sistema de provedoria e mais visitas da equipa de auditoria.

4. *Torná-lo um factor claro de compensação e promoção*

O CEO pode utilizar várias medidas – conquista dos objectivos anuais, avaliações do programa geral com base nos seus próprios termos e em comparações com outros, avaliações qualitativas de intensidade e compromisso, entre outras – para desenvolver critérios de pagamento pelo desempenho com integridade, trabalhando em conjunto com a comissão de compensações do conselho de administração. Por exemplo, o desempenho esperado nesta área poderia representar 20 a 30 por cento da compensação monetária (salário e bónus) e das recompensas em títulos.

O fraco desempenho poderia diminuir o valor do aumento anual ou levar a um despedimento, se um líder sénior violasse políticas de integridade ou fracassasse na criação de uma cultura de integridade. Pelo contrário, um desempenho superior – criar sistemas e processos novos ou resolver um problema que ameaça o bom-nome da empresa – pode estar entre os vários factores determinantes que conduzem a aumentos anuais e a promoções.

É claro que as decisões de compensação e promoção serão sempre uma matéria de opinião. Mas objectivos e metas personalizados e directrizes explícitas de compensação pela integridade – que afectam uma componente do pagamento e são factores de promoção – oferecem os incentivos essenciais e palpáveis que podem ter um papel significativo na criação de uma cultura de desempenho elevado com elevada integridade. Podem transformar um *cliché* da empresa – a integridade é tida em consideração nas decisões de compensação – num princípio empresarial fundamental.

4. AS QUESTÕES MAIS COMPLEXAS

As práticas e os princípios fundamentais descritos no capítulo anterior aplicam-se a todo o conjunto alargado de operações de negócios. Mas são particularmente importantes na resolução de questões controversas, complexas e recorrentes nesta era global – questões que requerem especial atenção por parte do CEO. Estas incluem mercados emergentes, aquisições, gestão de crises, política pública e reputação.

Considerarei estas questões separadamente nas páginas que se seguem. No entanto, vale a pena lembrar que elas estão inter--relacionadas. Uma boa reputação deriva de uma gestão de crises eficaz e de posições fortes sobre políticas públicas. A integridade em mercados emergentes depende, em parte, da integração eficaz das aquisições.

Mercados emergentes

Durante o tempo em que estive na GE, sempre que me perguntavam quais as questões que me faziam perder o sono a minha resposta era a mesma: mercados emergentes.

De certa forma, as multinacionais criaram um dilema. Por razões compreensíveis, abraçaram o potencial de um novo crescimento significativo no mundo em vias de desenvolvimento, defendendo-o em reuniões com analistas e em discursos públicos. (Foi projectado um crescimento das receitas da GE na Ásia de 18 para 36 mil milhões de dólares entre 2004 e 2008.) Ao mesmo tempo, têm a noção dos significativos riscos de integridade e do país que ameaçam prejudicar o desempenho e destruir as margens: legislação limitada, corrupção muito comum, violentos conflitos de interesses, aplicação errática da lei, branqueamento de capitais, concorrentes locais sem escrúpulos e risco político e económico difícil de avaliar. Para conseguirem atingir as suas projecções de crescimento acentuado, as empresas transnacionais têm de navegar em águas pouco profundas.

São essenciais quatro práticas.

1. *Construir (e insistir!) numa cultura global uniforme*

Em mercados difíceis, a tentação de contornar as regras é grande, especialmente para colaboradores da cultura local. Mas a posição fundamental para uma empresa transnacional que aspire a um desempenho elevado com elevada integridade é evidente: em todos os mercados internacionais, a cultura da empresa deve exigir uma adesão estrita às normas jurídicas e financeiras formais, quer sejam locais ou internacionais, aos padrões éticos globais da empresa e aos valores de seriedade, franqueza, justiça, confiança e honestidade dos colaboradores.

É fácil de dizer, mas difícil de fazer; apesar disso, as regras uniformes não podem ser negligenciadas. Porquê? Porque numa empresa global, com líderes e colaboradores a moverem-se de país em país, a hipocrisia de ignorar selectivamente normas ou regras específicas – ou tratar diferentes países de forma distinta – corrói fatalmente o valor de integridade para *todos* os colaboradores.

Algumas multinacionais escolhem não impor políticas globais e, em vez disso, "descentralizar" integridade e valores e deixar os gestores locais "adaptá-los" às condições locais. É uma má abordagem. Esta descentralização de "olhar para o outro lado", apesar da retórica por toda a empresa, foi uma importante contribuição para o escândalo de corrupção da Siemens (centenas de milhões de dólares em pagamentos indevidos em várias unidades de negócio) que levaram à saída do *chairman* e do CEO e criou um tumulto em toda a empresa.[1]

Implementar os princípios e práticas fundamentais abordados no Capítulo 2 aos vários negócios da grande variedade de mercados emergentes – com as suas diferentes práticas, instituições, culturas e histórias – leva tempo, esforço e dinheiro. Isto é especialmente verdade quando a empresa começa a mudar de uma estratégia de vendas de exportação para uma estratégia forte de produção, distribuição e aprovisionamento locais, como muitas estão a fazer. É essencial uma focalização precisa na análise do processo, na avaliação e redução do risco e no controlo. A liderança de topo da empresa não pode simplesmente atirar o dilema dos mercados emergentes para os líderes desses mercados, exigir objectivos de desempenho ambiciosos e esperar o melhor.

Portanto, estimativas realistas e complexas dos custos de construção de uma infra-estrutura de integridade devem ser incluídas nos cálculos, após uma revisão por parte dos líderes de negócios globais que são responsáveis por criar uma organização de mercados emergentes duradoura. Sem essa mensagem consistente vinda do topo e sem planos de negócios realistas, as pressões para que os líderes locais nos mercados emergentes procurem o desempenho e ignorem a integridade podem ser muito fortes.

2. *Dar atenção aos problemas endémicos*

Para se ter um desempenho elevado com integridade elevada, o CEO e os líderes de funções e de negócios devem dar atenção a riscos endémicos especiais. Estes incluem, por exemplo, aquisições, pagamentos indevidos, aprovisionamento, sistemas de controlo de exportação, conflitos de interesses, segurança e saúde ambiental, contactos com concorrentes e favoritismo. De forma a evitar problemas nestes domínios, a GE desenvolveu políticas, regras de conduta, educação e formação, listagens e regras de limite de poder explícitos para lá dos processos e sistemas básicos de desempenho com integridade. É claro que cada questão em cada país apresenta as suas próprias complexidades, mas três exemplos breves – pagamentos indevidos, locais remotos e aprovisionamento na cadeia de abastecimento global – podem ajudar a ilustrar a abordagem geral.

Pagamentos indevidos. Estes aparecem de muitas formas: subornos directos, pagamentos a agentes corruptos para ajuda com contratos governamentais, contribuições ilegais para campanhas políticas ou para caridade, entretenimento e presentes inapropriados, férias financiadas pela empresa disfarçadas de "viagens de negócios" e muitas mais. A maioria das empresas multinacionais tem políticas em papel – quer sejam baseadas em legislação local ou norte-americana – que proíbem pagamentos deste tipo. Mas o desafio é criar um programa real que chegue até aos colaboradores reais e que responda às suas verdadeiras questões.

Por exemplo, a utilização de consultores ou agentes em contratos públicos – muitas vezes solicitada por governos locais – é terreno fértil para abusos. Nesses casos, uma *due diligence* genuína é fundamental. O agente encontra-se no país? Tem experiência na indústria? Existem conflitos de interesses evidentes? Qual a sua reputação? Como é que a embaixada o considera? A comissão encontra-se dentro de limites comerciais razoáveis? O pagamento é feito para uma conta "limpa" ou suspeita? O trabalho pode ser especificado? Os contratos são escritos para que sejam necessários consultores para verificar uma conduta ética, dando à empresa o direito de os auditar e de os resolver, caso necessário?

Os colaboradores da GE recebem formação para terem "os olhos abertos" e têm de reportar pedidos de dinheiro, facturas inflacionadas, exigências de fornecedores ou parceiros específicos indicados pelo cliente e pagamentos a terceiros. Esta é, obviamente, uma área difícil. Reconhecendo isto, a empresa realizou recentemente conferências para colaboradores de topo em regiões sensíveis, como o Médio Oriente e a Ásia, sobre agentes e distribuição por terceiros. O objectivo destas conferências é disseminar melhores práticas, estabelecer uma abordagem consistente nos vários negócios sobre quando recorrer a terceiros, implementar monitorização automatizada, melhorar a formação do distribuidor e do agente, e desenvolver objectivos e técnicas para reduzir a utilização de terceiros em cerca de 30 por cento no futuro próximo.[2]

Locais remotos. Os locais remotos, onde o controlo e a supervisão tendem a ser menores, são uma fonte recorrente de questões de desempenho com integridade. Os problemas incluem apropriação indevida de fundos, falta de contratos de trabalho adequados para terceiros, favoritismo ou retaliação nestes pequenos escritórios e fracos sistemas contabilísticos. Este tornou-se um assunto de elevada prioridade para a GE com a sua expansão em mercados emergentes (e à medida que os problemas se acumulavam). Foram desenvolvidas ferramentas de avaliação para hierarquizar o risco nos locais. Foram aplicadas disciplinas especiais – da gestão do caixa a revisões de controlo por equipas especializadas e a uma ênfase especial na infra-estrutura de cumprimento para novos colaboradores – aos locais de risco mais elevado.

Aprovisionamento na cadeia de abastecimento global. Esta questão mereceu uma análise apertada na GE, na medida em que cresceu exponencialmente durante a década passada. Quando a empresa estava a aumentar o seu aprovisionamento global em meados da década de 1990, surgiram controvérsias relacionadas com fabricantes de vestuário e de brinquedos por causa das suas práticas de aprovisionamento. Ao observarmos este desenvolvimento, concluímos que em pouco tempo esta questão iria afectar todos os negócios globais. Sentimos que tínhamos a responsabilidade básica de não apoiar práticas de "fornecimento de terceiros" em que a própria GE não iria entrar – para proteger os colaboradores, salvaguardar a nossa reputação e manter o apoio à integração económica global.

Um extenso documento sobre legislação que está a ser preparada e outros materiais relativos ao aprovisionamento fornecem orientação àqueles que estão "no terreno" sobre os elementos-chave do programa e as questões complexas: os padrões relevantes (não haver trabalhadores abaixo da idade mínima, adequação às leis ou padrões de ambiente, saúde e segurança, por exemplo); protocolos de *due diligence* na qualificação e requalificação; clara atribuição de responsabilidade aos líderes da área de aprovisionamento pela gestão do processo; respostas adequadas quando ocorrem inconformidades; como monitorizar durante o contrato; e padrões para fornecedores de segunda e terceira linha. Falhas de integridade na cadeia de abastecimento (mais recentemente em comida, medicamentos e brinquedos importados da China) têm graves consequências financeiras, de reputação e de marca para muitas empresas, indicando que as preocupações com a integridade relativamente ao aprovisionamento estarão na linha da frente no futuro próximo.

3. *Insistir em boa formação e educação – e bons colaboradores*

Tal como foi mencionado anteriormente, a GE sentiu que tinha de abordar com frontalidade questões culturais. Por exemplo, tínhamos de convencer os europeus a ultrapassar o seu desagrado histórico pela informação às autoridades e utilização da provedoria. Igualmente, tínhamos de convencer os asiáticos que parceiros familiares tinham de ser divulgados e aprovados. Lutámos para contrariar as atitudes por parte dos colaboradores nos mercados emergentes, que acreditavam que as práticas são mais importantes do que a lei, que não serão apanhados ou que, no caso de o serem, isso não tem importância.

Mas estas questões particulares apontam para o desafio maior: encontrar as pessoas, a mensagem, o método e as avaliações que, colectivamente, constituam um conjunto de comunicações que seja culturalmente sensível e globalmente eficaz em todos os mercados. Especialmente neste contexto, são essenciais sessões presenciais com colaboradores não instruídos sobre a cultura global da empresa; formação em papel ou através da *Web* são as segundas melhores escolhas. Por exemplo, a GE Healthcare desenvolveu um pequeno caso para se utilizar em formação acerca do agora famoso (mas ficcional) Sr. Vu, que enfrentou vários cenários difíceis: contratação de consultores externos, aprovação de despesas de alojamento e viagem, lidar com os pedidos de suborno por parte dos clientes e utilização do símbolo GE.

Mais uma vez, essa aprendizagem através do exemplo não é fácil. São necessários formadores conhecedores, que têm eles próprios o benefício do tempo e da formação, para desenvolver confiança e para contribuir com o benefício de estimular discussões enérgicas. A GE teve muita dificuldade em conciliar o crescimento exponencial dos colaboradores asiáticos com formação presencial e inserida no contexto e teve de se contentar, demasiadas vezes, com uma abordagem baseada na *Web*.

Este desafio espelha-se na dificuldade em encontrar líderes multiculturais e multilingues que possam ajudar a empresa a agir com sensibilidade local e disciplina global nos mercados emergentes e, ao mesmo tempo, antecipar contingências, diversificar operações e encontrar ainda mais bons colaboradores. Estes líderes são cada vez mais sujeitos a "investidas" de concorrentes, outras empresas multinacionais ou empresas locais em vias de globalização. O mercado de trabalho para profissionais e gestores locais sofisticados, cada vez mais apertado nos países em desenvolvimento, cria um dos maiores desafios de desempenho – e integridade – para as empresas globais.

4. *Fazer as escolhas difíceis*

As empresas multinacionais irão sempre sentir tensões entre as práticas locais e os padrões globais. Estas tensões conduzem muitas vezes a escolhas difíceis.

Uma dessas escolhas surge quando as práticas locais dos clientes estão em divergência com as leis locais. Por exemplo, a utilização das ecografias como base para abortos devido ao sexo do feto é ilegal na China e na Índia – mas, apesar disso, é amplamente praticada devido à importância que é dada à descendência masculina nessas culturas. Esta é uma questão "quente" em partes dessas sociedades – e por todo o mundo. Produtores de equipamentos médicos como a GE tiveram de determinar como vender equipamento para a realização de ecografias, que têm muitas aplicações médicas legítimas, num mercado caracterizado pela sua utilização ilegal.

Os passos incluíram a educação dos clientes, a colocação de etiquetas de aviso no equipamento, a elaboração de manuais do produto que sublinhassem os requisitos legais, a venda exclusiva a médicos licenciados e certificados de acordo com a legislação e o fornecimento de informações de vendas às autoridades estaduais e centrais apropriadas que apenas agora estão a começar a aplicar a lei. A GE não conseguia garantir que o seu equipamento não fosse utilizado ilegalmente para abortos de selecção do sexo, mas poderia demonstrar esforços sérios e de boa-fé para evitar essa finalidade.

Um segundo tipo de escolha difícil aparece quando a lei local – à qual as multinacionais são obrigadas a obedecer – entra em conflito com os padrões globais da empresa. Após terem detido um colaborador da GE por se manifestar na Praça de Tiananmen contra a proibição do Governo chinês das actividades de *Falun Gong*, as autoridades policiais locais chinesas pediram para fazer uma busca aos computadores de todos os colaboradores da GE pertencentes à unidade de negócio do manifestante, de forma a verificar se estes tinham ligação ao grupo de manifestantes. A GE recusou, pois o pedido entrava em conflito com os padrões globais da empresa de respeito pela privacidade pessoal e liberdade religiosa dos colaboradores, e porque o consentimento exporia a GE à acusação internacional de cumplicidade numa violação dos direitos humanos. Neste caso particular, a GE conseguiu evitar um conflito directo ao convencer os investigadores locais (após algumas conversações em Pequim) a retirar o seu pedido, argumentando que a empresa tinha uma política internacional contra apelos políticos ou partidarismos religiosos no local de trabalho, e que o Governo poderia precipitar um incidente político caso obrigasse a GE a autorizar o pedido de invasão da liberdade religiosa e da privacidade – ou obrigasse a GE a dizer "não" formalmente.

Mas dilemas como este podem não conseguir ser evitados quando o impacto se estende para além de uma única unidade de negócio. Num caso célebre e recente, a Google – determinada em competir com um motor de busca chinês – escolheu aceitar a lei da censura chinesa, que entrava em conflito com os seus amplos princípios éticos contra essas restrições governamentais. Por exemplo, os utilizadores na China eram direccionados para conteúdo não político quando inseriam a palavra "Tiananmen", enquanto utilizadores nos EUA, quer utilizando o inglês ou o chinês, eram direccionados para *websites* que tinham conteúdo sobre acontecimentos políticos controversos. A decisão desencadeou um debate global alargado. Era esta uma concessão indefensável de princípios empresariais básicos ou era justificada, pela razão de que, se escolhe fazer negócios num país estrangeiro, uma empresa multinacional deve seguir a lei desse país; que essa era assim a única maneira de a Google competir na China; e que, mesmo um acesso "algemado" a informação na Internet acaba por empurrar a China na direcção de uma maior liberdade de expressão?[3]

Um terceiro tipo de escolha difícil surge quando as práticas corruptas num país estão tão enraizadas que conflitos com regras ou padrões globais não têm resolução e a empresa tem de se interrogar se deve abandonar determinadas indústrias – ou sair do país por completo. Por várias vezes, a GE escolheu não entrar em negócios no Irão (um alegado Estado patrocinador do terrorismo e apoiante de rebeldes no Iraque), na Colômbia (onde a segurança dos colaboradores não pode ser garantida e onde reina o branqueamento de capitais) e em "negócios de *cash flow*" na Rússia (um local onde o crime organizado e o branqueamento de capitais estão amplamente disseminados).

Aquisições

Avaliar aquisições cuidadosamente, e depois integrá-las de forma eficaz num portfólio empresarial alargado, é essencial para o desempenho – e para o desempenho com integridade.

As equipas de aquisição têm de lidar com um vasto conjunto de problemas de negócios: desde a conciliação financeira até transferências operacionais detalhadas e questões de emprego e pensões. Mas têm igualmente de tentar resolver questões de integridade, que vão desde cultura a sistemas e processos e a problemas éticos, jurídicos e financeiros específicos. Sem uma integração e *due diligence* eficazes, as aquisições não conseguem atingir projecções habituais – frequentemente por muito – por razões de integridade e de negócios. Em anos recentes, mais de 50 por cento das investigações de auditores da GE tiveram origem em problemas relacionados com transacções, especialmente em mercados emergentes. Três práticas fundamentais ajudam as aquisições a satisfazer as expectativas – e a ter um desempenho com integridade.

1. *Criar um processo forte*

Num ano típico, a GE gasta mais de 20 mil milhões de dólares em aquisições. Sem surpresas, tem dedicado esforço e tempo significativos ao desenvolvimento de processos detalhados para minimizar os riscos de integridade, operacionais e culturais e aumentar sinergias e desempenho para além dos procedimentos habituais da transacção.

A abordagem da GE está explicitamente dividida em fases distintas: avaliação, *due diligence*, negociações e assinatura, *diligence* adicional e um plano de integração, encerramento, integração da aquisição e transição para as operações. Em cada uma destas fases, um conjunto inter-relacionado de tarefas muito específicas é apresentado em funções específicas (comercial, operações, finanças, recursos humanos, tecnologias de informação, etc.) sob o comando de um responsável da equipa de transacção e depois um líder de integração. As tarefas incluem resumir os motivos da transacção, articular os critérios para o sucesso, fazer comparações e *benchmarking* com pessoas e processos da organização-alvo, identificar os riscos de integração, avaliar as sinergias de custos e receitas e especificar os mecanismos operacionais de integração (que começa com uma estratégia de lançamento e termina com planos por função).

2. *Prevenir futuros problemas de integração*

Ao longo deste processo complexo, é dada especial atenção à introdução dos processos, dos sistemas e da cultura de integridade da GE na empresa adquirida. A identificação sistemática de "brechas" em todas as práticas e princípios gerais abordados no Capítulo 3 é fundamental – por exemplo infra-estrutura de integridade, padrões globais, sistemas de aviso prévio e "voz" dos colaboradores.

Em transacções globais, especialmente nos países em vias de desenvolvimento, os líderes têm de abordar explicitamente duas questões-chave inter-relacionadas: o risco do país e a cultura dos colaboradores adquiridos. Têm de incluir a abordagem especial da empresa em questões de mercados emergentes – dos sistemas de pagamento à gestão de locais remotos até à disciplina da cadeia de abastecimento – na *due diligence*/processo de integração da aquisição. Para além destas preocupações operacionais, a GE reconheceu explicitamente nas linhas de orientação para a sua equipa de aquisição que "a integração cultural é uma das complexidades mais subestimadas" nas aquisições, tanto para reconhecer valor económico como para incutir (ou completar) uma ética de desempenho com integridade.

Dar atenção a estas questões é uma responsabilidade fundamental dos líderes de integração e de *diligence*, não apenas dos colaboradores dos departamentos de recursos humanos, jurídico e financeiro. Ferramentas específicas – tais como mapas detalhados do processo e listagens de integridade extensas – são a chave para planos abrangentes de redução e de avaliação de riscos. São necessárias reuniões mais informais para abordar diferenças culturais. O tempo também é essencial. Os problemas que surjam depois do fecho da transacção têm muito mais probabilidade – pelo menos aos olhos dos reguladores e dos meios de comunicação social – de serem atribuídos ao comprador. Tendo isto em mente, faz sentido ter planos detalhados de 30, 60 e cem dias sobre todas as questões, incluindo processos e sistemas de integridade.

3. *Descobrir e abordar problemas passados*

Descobrir os problemas passados da empresa-alvo é tão importante quanto prevenir novos após o fecho do negócio. Mas mesmo com as melhores das intenções e com uma abordagem de *due diligence* abrangente, esta continua a ser uma tarefa difícil. Alguns problemas podem estar escondidos por fraudes e existe uma série de factores que podem reduzir a *diligence* anterior à assinatura: tempo limitado, a força negocial do vendedor, estar perante um leilão, uma transacção de uma empresa pública ou uma combinação destes factores. Mas é fundamental abordar os problemas passados de forma atempada. Isto pode ser conseguido através de:

- **Protecções contratuais**. Uma questão *descoberta* em *diligence* – por exemplo custos ambientais da ordem das centenas de milhões que não eram do conhecimento do vendedor – pode entrar na discussão do preço. Dependendo do seu poder de negociação, o comprador pode tentar atenuar impactos económicos adversos *descobrindo* questões de integridade através de técnicas negociais tradicionais: representações, garantias, cláusulas e indemnizações por parte do vendedor até ou após o fecho da transacção (se houver um sucessor), assim como uma cláusula de "mudança material adversa" que permita ao comprador cancelar a transac-ção (ou renegociar o preço) se algum acontecimento adverso ocorrer após a assinatura, mas antes do fecho da transacção. Os compradores devem ter um conjunto de cláusulas-modelo que definam desenvolvimentos adversos específicos em questões de integridade descobertas durante o processo da transacção (por exemplo pagamentos indevidos, privacidade, saúde e segurança ambiental e controlos de exportação).

- **Acordos pré-fecho com reguladores**. Se forem encontrados problemas graves em *diligence*, o comprador pode querer que o vendedor resolva as suas responsabilidades individuais e empresa-riais, sejam criminais ou civis, com os reguladores antes do fecho. Na década de 1990, uma empresa grande como a GE – com uma boa reputação pelos seus esforços de cumprimento – poderia revelar um problema de pagamentos indevidos ao Departamento de Justiça e à SEC e obter um acordo de, no caso de a transacção ser fechada, os reguladores acusarem os indivíduos pertencentes à empresa-alvo mas não processarem criminalmente o comprador (e talvez nem impor uma multa civil sobre os delitos da empresa--alvo). No entanto, mais recentemente, os reguladores norte--americanos tomaram a posição de que a divulgação pelo próprio anterior ao fecho da transacção não isenta necessariamente o comprador de responsabilidades criminais empresariais – isto é, "compra-a, arranja-a"* pode não funcionar mesmo para uma "boa" empresa. Antes do fecho da transacção, os reguladores podem pedir à empresa-alvo justificações das acusações, restituição de dinheiro, elevadas multas e penalizações, sistemas de cumprimento obrigatórios e mesmo observadores empresariais que irão sobreviver ao fecho. Os compradores podem, assim, enfrentar uma escolha desagradável e difícil: suportar o atraso e a incerteza da resolução do vendedor com as autoridades antes do fecho; fechar e herdar potenciais (ou prováveis) problemas criminais; ou simplesmente cancelar a transacção. Por exemplo, num caso, a GE decidiu esperar mais de um ano para que a empresa-alvo resolvesse as suas questões de pagamentos indevidos, ao invés de herdar um problema criminal. Escolheu adiantar-se numa outra transacção quando problemas significativos com os reguladores emergiram em *due diligence* antes do fecho.

- **Acordos pós-fecho com reguladores**. De forma a prevenir novos problemas quando tem o controlo, o comprador tem de auditar e investigar intensamente de forma a descobrir os problemas passados da empresa-alvo que não surgiram durante o planeamento de *diligence* ou pré-fecho. Isto requer averiguações detalhadas num grande conjunto de questões operacionais complexas com dimensões de integridade (tais como selecção de "consultores" e processos de pagamento, gestão inadequada de

---

* **N. T.** No original, *buy it, fix it.*

capital, descontos inapropriados a clientes e falsas candidaturas em concursos públicos). Mais uma vez, o tempo é essencial. Se o comprador descobre, pára e remedeia rapidamente práticas passadas inadequadas, pode justamente argumentar junto dos reguladores que fez tudo aquilo que razoavelmente era esperado que fizesse. Ser-lhe-á pedido que explique, no entanto, por que motivo a questão não foi descoberta durante a *diligence* e se deveria ter sido conhecida mais cedo. Se as respostas a essas perguntas forem satisfatórias, o comprador poderá ser capaz de negociar uma disposição razoável que não prejudique a sua reputação. Mas se o comprador demorar a descobrir e a remediar essas questões pre-existentes, então os reguladores podem considerá-las problemas do comprador e não da empresa-alvo.

Gestão de crises

O telefone do CEO toca. A chamada é do CFO ou talvez do director do departamento jurídico. Não são boas notícias.

Talvez a SEC tenha iniciado uma investigação formal com base em alegações de relatórios financeiros falsos. Ou talvez a empresa tenha recebido relatórios internos de que um pequeno número de produtos (de entre milhões que estão no mercado) têm um defeito que pode causar incêndios em casas. Ou talvez os reguladores europeus tenham conduzido uma busca pela madrugada em todos os escritórios de uma das principais divisões da empresa procurando evidências de concertação de preços. Ou talvez um colaborador tenha informado o provedor de que documentos de regulamentação estão a ser falsificados a pedido de um cliente importante.

Em empresas grandes, e em pequenas, esse tipo de coisas acontece inevitavelmente. Quando o telefone de Jack Welch ou de Jeff Immelt tinha más notícias, ligavam-me passados minutos. Eu era chamado ao seu escritório para ajudar a formar uma equipa que teria a função de reagir imediatamente.

A gestão de crises é o "teste de *stress*" para as empresas que têm o objectivo de fundir o desempenho elevado com a elevada integridade. Este traz muitas armadilhas. (Por exemplo: por muito que eles gostassem, CEO impacientes não podem pegar no telefone e começar a entrevistar testemunhas!) É necessária uma estratégia em diversas frentes. Existem duas práticas, em particular, que têm especial importância para o CEO.

1. *"O problema é nosso a partir do momento em que ouvimos falar dele."*

No que respeita a questões de integridade, é fundamental que o CEO assuma a total responsabilidade a partir do momento em que ouvir falar delas. Se o CEO e a liderança de topo ficarem parados, ou não derem resposta, o problema – que não envolveu os líderes de topo de forma alguma – torna-se problema deles. Adiar também envia a mensagem de indiferença que será ouvida tanto dentro da empresa como pelos reguladores. Inevitavelmente, isto torna um problema menor num muito maior.

Quando estas situações aconteciam na GE e eram comunicadas à gestão de topo, dizíamos uns aos outros nas salas e corredores: seremos julgados pelo que fizermos a partir deste momento. E é verdade: o conselho de administração, os reguladores e o público utilizam a forma como estas crises são tratadas para avaliar o carácter dos gestores de topo da empresa.

Tal como com as crises de desempenho, o CEO precisa de pedir à equipa de topo – muitas vezes ao CFO, a auditores internos e ao director do departamento jurídico – que reúna um grupo de trabalho com as competências certas para proteger documentos e, dentro de um curto espaço de tempo, responder a uma série de questões-chave. Por exemplo:

- Existe alguma prática que deva ser parada imediatamente, ou um produto retirado do mercado sem demora, para proteger o público – e a reputação da empresa?
- Qual é a forma e a dimensão do problema?
- Qual é a próxima fase de averiguação?
- Devemos contratar especialistas externos?
- Devemos informar o conselho de administração?
- Deve o assunto ser divulgado às autoridades legais, deve ser divulgado voluntariamente, ou não deve ser divulgado porque ainda não sabemos o suficiente?
- É necessário colocar de licença algum dos colaboradores até estarem finalizadas as averiguações?
- Que tipo de comunicação deve ser feita a outras partes interessadas dentro e fora da empresa, desde colaboradores a investidores e *media*?

São necessárias actualizações regulares de todas estas questões, especialmente à medida que novas frentes se abrirem (por exemplo histórias nos *media*, outras acções dos reguladores, processos jurídicos privados).

Não conseguir atacar uma questão de integridade pode ter consequências graves para o CEO e para a empresa. Na Primavera de 2004, e depois novamente em Setembro, o Procurador-geral de Nova Iorque informou a Marsh & McLennan de que o seu gabinete estava a investigar alegações de manipulação de propostas e conflitos de interesses ilegais no papel da empresa enquanto mediador entre seguradores e segurados. De acordo com notícias divulgadas, a empresa reuniu-se com o Procurador-geral no Outono e tinha pouco a informar com base em averiguações internas. Esta falta de resposta em relação a questões potencialmente criminosas enfureceu de tal forma o Procurador-geral que este instaurou uma acção civil de manipulação de propostas e conluio, anunciou publicamente que não ia negociar mais com o CEO e ameaçou a empresa com uma acção criminal (que, tal como ilustra a triste saga da empresa de consultoria Andersen, pode bem ter morto a empresa).

Seguiu-se a tempestade perfeita: a capitalização bolsista da empresa afundou, o seu *rating* de crédito foi diminuído[*], o crédito "secou", reguladores estaduais e federais emitiram 60 intimações contra a empresa e uma larga variedade de queixosos interpuseram outras acções legais.[4]

Podemos certamente criticar as tácticas públicas do Procurador--geral de simultaneamente se recusar a negociar com o CEO e ameaçar com uma acção criminal de "pena de morte" contra a empresa. Também a MarshMac não tinha conseguido, de acordo com notícias nos meios de comunicação social, responder de forma séria e imediata a um importante aviso recebido meses antes. O conselho de administração da empresa não tardou a destituir o CEO e o director do departamento jurídico. O novo CEO, Michael Cherkasky, negociou um acordo civil – evitando dessa forma a grave acusação criminal formal – e iniciou o longo processo de tirar a MarshMac do buraco no qual esta tinha caído tão repentinamente.[5]

Infelizmente, a MarshMac não era uma situação rara. A dificuldade em agir rapidamente é um problema empresarial recorrente, com a Ford/Bridgestone (falhas nos pneus), a Salomon Brothers (licitações falsas) e a Beach-Nut (sumo de maçã adulterado) a constituírem exemplos dos últimos 20 anos de atrasos que tornaram um problema mau ainda pior.[6] Em contraste, mais de duas décadas após o facto, a imediata retirada das prateleiras de todos os produtos Tylenol pela Johnson & Johnson, após ter conhecimento de que

---

[*] **N. T.** No original, *downgraded*.

alguns frascos não estavam em condições, ainda serve como exemplo sobre como agir para proteger a segurança pública – e a reputação da empresa.[7]

2. *Seguir os factos*

Um dos aspectos mais difíceis na gestão de uma crise de integridade é permitir o desenvolvimento dos factos de uma forma abrangente, honesta e detalhada. Existe um reflexo humano para defender a empresa, denunciar o regulador ou proteger um colaborador que é apreciado e conhecido na sede. De facto, algumas empresas defendem e protestam sempre, independentemente dos factos. Isto pode ser compreensível, mas é um erro.

Existe também um instinto humano por parte do CEO de querer saber rapidamente – por vezes a uma velocidade extremamente rápida! – o que de facto aconteceu. Como foi referido, ele ou ela pode sentir-se tentado a começar a interrogar os colaboradores pessoalmente (também um erro!). Mas quando uma organização complexa tenta compreender os acontecimentos passados, que podem ter acontecido durante um prolongado período de tempo, em diferentes locais, envolvendo muitos participantes, encontrar os factos requer uma "velocidade planeada". A empresa deve desenvolver uma compreensão dos factos muito cuidadosa, mesmo que o processo seja disruptivo ou frustrantemente lento. Esta pode enfrentar o dilema difícil de não revelar tudo o que sabe – seja porque vai perder uma vantagem táctica ou porque revelar pode antagonizar os reguladores (mesmo que estes estejam injustamente a deixar escapar informação para os *media*).

Todos os factos que a empresa divulgue antes de uma acção legal devem ser absolutamente precisos. Isto é determinante para a credibilidade da empresa junto dos reguladores, da comunicação social, dos colaboradores e de outros *stakeholders*. Factos seguros são também fundamentais para haver justiça nas acções disciplinares ou no despedimento de colaboradores (e sustentar esses despedimentos perante processos no Tribunal do Trabalho). Na GE, de forma a garantir justiça na disciplina individual em casos complexos, tentámos efectuar investigações completas e detalhadas. Por outro lado, estas não eram realizadas com o tipo de estilo de "prossecutor duro" que poderia fazer com que os colaboradores sentissem que estávamos a presumi-los culpados. A tensão não é evitável: o Inspector Javert[*] sim. Frequentemente deixávamos que os colaboradores revissem e contestassem o nosso dossiê de factos e, dessa forma, preparassem a sua defesa antes de serem impostas sanções.

Por último, quando inseridos na estrutura de normas jurídicas e financeiras específicas, os factos guiam (ou mesmo ditam) o curso de acção da empresa. Se os factos forem claramente adversos e existir pouca dúvida sobre uma violação, a empresa deve, na maior parte dos casos, admitir o acto inapropriado, tomar as acções necessárias para resolver o problema e esquecer o assunto. Se as evidências não demonstrarem qualquer tipo de culpabilidade empresarial, a empresa deve recusar-se a fazer acordos ou a admitir ter feito algo de errado (apesar da irracionalidade do nosso sistema legal poder conduzir no final a um acordo nominal). Se os factos permanecerem obscuros, então tem de ocorrer no topo da empresa o debate de "luta ou acordo" (enquanto se resolve de imediato o problema subjacente, mesmo que este não seja claramente ilegal).

Como director do departamento jurídico da GE, tentei sublinhar que cada crise tinha de ser avaliada tendo por base um conjunto específico de factos no contexto das normas jurídicas ou financeiras específicas. Não existia uma única "maneira GE". Por exemplo, no caso dos aviões de Israel apresentado anteriormente, após uma investigação

---

[*] **N. T.** Personagem da obra *Os Miseráveis* de Victor Hugo e que possui precisamente as características de "prossecutor duro".

inicial existia uma pequena suspeita de que os colaboradores da GE tivessem cometido uma fraude que envolvia fundos dos EUA utilizados por Israel para adquirir caças norte-americanos (com motores GE). Adicionalmente à disciplina interna e à reparação de sistemas, resolvemos de imediato o caso junto da SEC e do Departamento de Justiça, apesar de envolver uma contestação criminal e também multas civis. Jack Welch queria uma "limpeza" completa de uma confusão evidente e liderou essa "limpeza" pessoalmente. No seu testemunho subsequente perante uma agressiva subcomissão do Congresso, foi publicamente elogiado – e não "trucidado"! – pela sua acção decisiva, em contraste com muitos outros CEO que foram arrastados perante o Congresso (e as câmaras!).

Vários anos após o caso da fraude israelita, decidimos lutar contra as acusações criminais de concertação de preços apresentadas pelo Departamento de Justiça contra o negócio industrial de diamantes da GE (que actualmente já não faz parte da empresa). Aqui os factos eram mais favoráveis. A investigação inicial foi desencadeada por um antigo responsável do negócio que reivindicava ter sido despedido por resistir a essa concertação de preços. Mas nós tínhamos provas documentais claras, incluindo notas pessoais de Jack Welch dessa altura, que mostravam que esse indivíduo tinha sido despedido por motivos de desempenho. A nossa própria investigação convenceu-nos ainda mais de que o Departamento de Justiça não tinha caso, por isso tomámos a difícil decisão de avançar com a acusação criminal. Detestávamos ver histórias publicadas sobre acusações criminais contra a GE e sabíamos que o risco para a nossa reputação empresarial era grande. No consequente julgamento criminal de 1994 que aconteceu em Columbus, no estado de Ohio, o juiz do distrito federal tomou uma acção muito pouco usual e encerrou o caso contra a GE após a apresentação do mesmo por parte do Ministério Público, mas antes de a defesa da GE ter sido concluída e antes de o caso ser submetido a júri. O juiz decidiu que o Ministério Público não tinha conseguido provar um elemento-chave do delito.[8]

Os factos podem prejudicar ou ajudar o caso – mas são indispensáveis. Desenvolva-os cuidadosamente. Siga-os à risca.

Políticas públicas

As decisões governamentais em todo o mundo têm um importante efeito na estrutura, na competitividade e na rentabilidade do sector. O Governo chinês, por exemplo, "intervém em todos os aspectos da economia".[9] Mas muitas empresas envolvem-se apenas em "relações governamentais" defensivas, de curto prazo ou estritamente por interesse próprio. Poucas procuram fazer da implementação e formação sofisticada de políticas públicas uma dimensão importante das estratégias de crescimento global – e cidadania empresarial – do seu negócio.

Esta é uma oportunidade perdida. Num mundo em rápida mudança, as possibilidades de tomada de posição, relativamente a políticas públicas, que beneficiem interesses públicos e privados são imensas. Incluem, por exemplo:

- Estimular mudanças em paradigmas de políticas, como dar uma maior ênfase à prevenção e diagnóstico precoce nos cuidados de saúde, a restrições ao nível de carbono e a fontes de energia renováveis.
- Trabalhar com as economias emergentes para ajudar a definir as necessidades de infra-estruturas de um país ou a combinação apropriada de tecnologias em sectores-chave como transportes ou energia.
- Trabalhar com o Governo para obter o apoio de curto prazo necessário para a criação de mercados completamente novos para bens

públicos – como energia eólica, água limpa ou carvão limpo – e para a aprovação de novos produtos (por exemplo locomotivas híbridas) e processos (por exemplo a substituição da angiografia por exames de tomografia computadorizada, menos invasivos).

As iniciativas de política pública positivas e estratégicas beneficiam o crescimento e o desempenho, mas devem ser consistentes com a cidadania empresarial e a integridade. As três práticas de prioridade elevada que se seguem são uma forma de começar.

1. *Construir capacidade*

Os CEO precisam de criar a capacidade de integrar as questões de política pública nos seus processos estratégicos e desenvolver opções sofisticadas de política pública que, de uma forma justa, equilibre os interesses da empresa com o interesse público.[10] A construção desta capacidade deve começar com o compromisso do CEO e da liderança de topo. Deve ser baseada numa compreensão sofisticada da política e dos processos políticos e numa apreciação intuitiva da dificuldade e do tempo necessário para introduzir estas questões em diferentes culturas políticas por todo o mundo. Nem todas as prioridades serão de curto prazo. Nem todas serão vencedoras. Mas o custo de investir em pessoas e ideias é minúsculo, comparado com os potenciais benefícios.

Para construir esta capacidade, as empresas têm primeiro de contratar especialistas que compreendam como a sua área de grande conhecimento das políticas (impostos, cuidados de saúde, energia, por exemplo) se liga aos negócios e à política. Estes devem trabalhar em equipas de estratégia de negócios fora da sede da empresa, em vez de afastados da acção empresarial em capitais políticas (como faz o pessoal das "relações com o Governo"). A tarefa destes peritos em políticas é entender as diferentes trajectórias da política pública e os interesses da empresa e depois desenvolver ideias de políticas praticáveis que tracem um caminho entre o *statu quo* e o ideal – por exemplo, políticas para encorajar a gaseificação do carvão e o sequestro do carbono. Tal como referi anteriormente, para questões funcionais comuns a toda a empresa, como impostos, *antitrust*, propriedade intelectual, ambiente, trabalho e emprego, a empresa deve contratar intervenientes de "classe A" que possam não só abordar questões transaccionais, de planeamento e operacionais privilegiando a integridade, mas também competências de política pública em assuntos importantes como a reforma fiscal ou política ambiental. Ao mesmo tempo, como é óbvio, também é fundamental ter especialistas "políticos" num sector ou indústria inseridos em negócios específicos como comunicação, energia, cuidados de saúde, transportes e crédito ao consumidor. O processo-chave de construção de capacidades é desenvolver prioridades de política pública nas revisões anuais de estratégia do negócio com toda a equipa e não em revisões de "relações com o Governo" separadas. Em resumo, isto requer o desenvolvimento sistemático – em cada um dos principais mercados, todos os anos – de potenciais iniciativas de políticas e propostas a partir da agenda pública existente e a partir das próprias ideias da empresa. Estas análises mercado a mercado precisam depois de ser agregadas e integradas na revisão anual de estratégia do negócio para estabelecer prioridades globais (nem todas as questões podem ser seguidas), de acordo com uma combinação de valor para a empresa, benefício para a sociedade e exequibilidade política. Com diferentes tecnologias de produção de electricidade (vapor, gás, ciclo combinado, nuclear, eólica, solar), com operações por todo o mundo e com um forte envolvimento governamental na questão, a GE Energy utilizou este processo de políticas de *bottom-up* de forma muito eficaz para estabelecer prioridades de políticas globais na sua revisão da estratégia principal com o CEO. Num processo complementar, a GE China procura dar prioridade a questões no interior do país que surjam a partir dos diferentes negócios da empresa.[11]

2. *Enfoque em políticas credíveis, evitando corrupção e partidarismos*

As incursões empresariais proactivas em políticas públicas implicam riscos inerentes à acção política: críticas severas, ataques sobre os motivos e relatos distorcidos por parte da comunicação social. Por isso, a empresa que procura um envolvimento activo nas políticas públicas – mantendo a sua reputação de integridade elevada – tem de estabelecer e observar um conjunto de directrizes:

- O processo de implementar políticas públicas na arena política deve ser conduzido por profissionais da área com assento no poder local (geralmente capitais de estado ou nacionais) que representam os profissionais que desenvolvem políticas na sede. Estes profissionais da política compreendem perfeitamente a cultura política do país, entendem o negócio, entendem a política pública e têm uma elevada integridade no desenvolvimento das relações com os "clientes", os líderes governamentais-chave. Para começar, eles não pagam subornos. É relativamente fácil encontrar estes profissionais de elevada integridade nos EUA e na UE; é muito mais difícil em outros sítios.

- As políticas têm de ser equilibradas. Nesta era de comunicação instantânea e falta de confiança generalizada nas empresas, uma postura pouco sincera será exposta como tal e depressa. Disposições especiais elaboradas em consonância com os "bolsos" da empresa são inerentemente problemáticas. As propostas de política devem reconhecer que a maior parte dos debates públicos envolvem valores em conflito, tais como os argumentos clássicos de património *versus* eficiência sobre regulamentação ou as tensões básicas entre custo, qualidade e acesso na política de cuidados de saúde. É necessário reconhecer explicitamente estas tensões – e tentar encontrar um equilíbrio justo entre as legítimas preocupações concorrentes – se quisermos que a proposta seja credível e encarada com respeito.

A empresa deve dar uma atenção rigorosa à veracidade dos factos – e à credibilidade básica de pressupostos factuais – nos quais se baseiam a política proposta. A utilização de especialistas de excelente reputação fora da consultoria empresarial – e que revelam inteiramente quaisquer acordos financeiros quando questionados – não porá fim a disputas sobre factores-chave ou pressupostos factuais fundamentais, mas irá ajudar a demonstrar abertura e boa-fé.

- Os objectivos duplos devem ser soluções bipartidárias e uma posição isenta. A política partidária pode ajudar uma empresa no curto prazo. Mas na política, o pêndulo acaba por balançar na direcção oposta e a empresa partidária sofre com isso. Em especial numa era extremamente partidária nos EUA, o apoio decisivo a princípios importantes serve melhor a empresa do que apoios instáveis a partidos políticos. As pessoas conseguem compreender e respeitar posições pensadas, mesmo que não concordem com elas.

- Salientar posições de política importantes é ainda mais imprescindível nos mercados emergentes, onde pode ser perigoso para uma empresa ser associada a políticas e personalidades de um determinado regime. Nesses países, o pêndulo pode balançar ainda mais, com resultados desastrosos para uma empresa transnacional politizada.

3. *Fazer a ligação entre políticas públicas e cidadania empresarial*

Na GE, tentámos orientar a nossa abordagem de política pública tendo em consideração três elementos de cidadania empresarial: (1) desempenho económico forte e sustentado, (2) adesão às normas formais jurídicas e financeiras, e (3) acções éticas para além das exigências formais.

No que respeita ao desempenho económico forte e sustentado, muitos na comunidade empresarial, académica e de ONG estão a apelar para que as empresas resolvam alguns dos problemas mais prementes do mundo – por exemplo falta de cuidados de saúde, habitação inadequada, falta de água potável, aumento galopante dos preços da energia e alterações climáticas. O objectivo é conciliar estas exigências com uma actividade comercial lucrativa duradoura.[12] A GE prevê actualmente que muito do seu crescimento futuro virá de satisfazer as necessidades de infra-estruturas dos países em desenvolvimento.[13] Intitulou abertamente de "ecomaginação" – o esforço empresarial para produzir tecnologias amigas do ambiente – uma iniciativa de negócios evidenciada pela expressão "Verde é verde."*

A iniciativa de "ecomaginação" fornece também um exemplo das questões de política pública que podem estar por detrás, e ditar o horizonte temporal, de um esforço comercial. Quando a iniciativa foi anunciada em Maio de 2005, houve em Washington um forte debate encolerizado entre partidos sobre alterações climáticas – um debate que não ia a lado algum. Nessa altura, a empresa mantinha-se propositadamente afastada de propostas de política pública específicas (apesar de ter falado em termos muito gerais da necessidade de se viver num mundo com restrições de carbono). A GE queria salientar uma mudança na estratégia comercial e não entrar numa enorme controvérsia política. Em 2007, no entanto – devido em parte ao papel

---

* **N. T.** No original, *Green is green. Green* em inglês pode referir-se a "verde" no sentido ecológico, mas também a dinheiro, sendo o sentido da expressão que o que é ecológico é lucrativo.

da GE no sentido de ajudar a que se continuasse a falar da questão das alterações climáticas na comunidade empresarial – a empresa considerou que era a altura certa para procurar aliados ambientais e industriais e propor políticas específicas sobre alterações climáticas que envolveriam uma combinação de requisitos legais (por exemplo um limite máximo para emissões de carbono) e mecanismos de mercado (como o comércio de créditos de carbono).

Uma forte adesão às normas formais jurídicas e financeiras é o segundo pilar da cidadania empresarial. No entanto, existe um debate político interminável sobre se algumas dessas normas *deveriam* existir (pelo menos na sua forma actual). Quando se empenham nesses debates, as empresas têm de exibir o equilíbrio e a flexibilidade que foram discutidos anteriormente. Por vezes, ainda existe a necessidade, não de modificar normas, mas de alargá-las, de forma a melhorar a justiça, aumentar a concorrência e reduzir custos.

Um exemplo evidente é o esforço por parte de algumas empresas norte-americanas de alargar as proibições dos EUA de suborno a funcionários públicos estrangeiros, especialmente em mercados em desenvolvimento, às empresas estabelecidas em outros países industrializados. Uma vez que o suborno de funcionários públicos, a extorsão e a apropriação indevida são um "cancro" dentro das empresas, impedem a construção do Estado, retardam o desenvolvimento económico e distorcem a concorrência através da imposição de custos ilícitos, estas empresas norte-americanas ajudaram a formar a principal ONG mundial anticorrupção, a Transparency International. Insistiram na elaboração de uma Convenção da OCDE, que foi adoptada no final dos anos de 1990, com 34 países industrializados a concordarem fazer do suborno estrangeiro um crime de acordo com as suas leis nacionais. Para não "nivelar por baixo" a legislação norte-americana, as empresas dos EUA conseguiram com sucesso "nivelar por cima" as leis de outros países.[14]

O terceiro pilar da cidadania, como foi mencionado anteriormente, envolve fazer compromissos éticos voluntários, que vão para além dos requisitos formais a que a empresa está obrigada. Mas esses padrões implicam custos. Por exemplo, a GE adoptou voluntariamente o aprovisionamento "ético", independentemente de os seus concorrentes o fazerem ou não. Concluiu que os benefícios dessa acção eram suficientes, em parte porque, de qualquer forma, tinha de avaliar os fornecedores um a um em termos de viabilidade e qualidade.

É evidente que, num mundo competitivo, existem limites para este tipo de acção unilateral. É muito pouco provável, por exemplo, que alguma empresa viesse a apoiar o custo de solucionar problemas ambientais históricos – que muitas vezes resultaram de acções legais nesse tempo – a não ser que todas as empresas em situação semelhante também o fizessem. Por isso, ao contemplar acções "éticas", as empresas podem decidir que um determinado "público" ou "bem social" é importante para a sociedade (tal como protecção ambiental), mas concluir que o impacto competitivo é demasiado grande para o fazer sozinha. Nesses casos, os custos têm de ser distribuídos de forma mais alargada, normalmente através de uma de duas formas:

- Através de um acordo voluntário de toda a indústria sobre princípios (promulgado, como é evidente, de formas que não violem as leis da concorrência).
- Através de políticas públicas, onde os custos são distribuídos por uma base fiscal ou através da imposição dos custos ou responsabilidades a todos os membros de uma indústria específica.

Este debate desenrola-se frequentemente de uma forma pública. No Outono de 2007, por exemplo, fabricantes de brinquedos norte-americanos que enfrentavam questões de segurança de produto nas importações da China – incluindo a utilização de tintas com chumbo que era especificamente proibida – debatiam se deveriam aumentar os padrões relativamente aos fornecedores da empresa, estabelecer voluntariamente mecanismos de teste em toda a indústria ou procurar obter uma acção legislativa por parte de Washington.[15]

Quando os defensores da responsabilidade empresarial falham em conseguir o que querem em legislaturas, podem mudar o seu enfoque e pedir às empresas individualmente que suportem custos que são verdadeiros custos "sociais" – por outras palavras, custos que a sociedade ou sectores de actividade como um todo deveriam suportar. Isto é bem intencionado, mas mal orientado. Se a questão envolve um importante "bem social", a melhor solução competitiva pode ser a política pública, que nivela de igual forma o terreno de jogo para as empresas interessadas e para os *free riders* e também é obrigatória (acções voluntárias ou acordos de indústria não o são).

Assim, tanto no mundo desenvolvido como em vias de desenvolvimento, as empresas devem considerar sistemas legislativos em áreas-chave, como cuidados de saúde, saúde e segurança ambiental, crédito ao consumidor e segurança de medicamentos. Evidentemente é necessária uma abordagem forte, que combine mandatos com mecanismos de mercado para manter a competitividade elevada e a inflação baixa onde possível. Isto pode soar como uma heresia para alguns no mundo dos negócios, mas acredito que é a abordagem mais competitiva e justa se a questão for importante para a sociedade e – ao construir-se uma sociedade mais forte – para os negócios.

Reputação

A reputação de uma empresa pode ser difícil de quantificar, mas é de extrema importância. Um artigo da *Harvard Business Review* dizia: "Os executivos conhecem a importância da reputação das suas empresas. (...) Numa economia onde 70 ou 80 por cento do valor de mercado vem de activos intangíveis difíceis de avaliar, tais como a marca, o capital intelectual e o *goodwill*, as organizações estão especialmente vulneráveis a qualquer coisa que possa danificar a sua reputação."[16]

Apesar de o desempenho ser o núcleo da reputação de uma empresa, a sua integridade também o é – assim como a integridade do seu CEO.[17] É uma verdade repetida muitas vezes – mas ainda assim verdade – que a reputação, tal como uma floresta, demora anos a crescer mas pode desaparecer de um dia para o outro. Na GE, levávamos esta preocupação muito a sério, porque sabíamos que a nossa dimensão e a nossa boa reputação, construída ao longo de muitos anos, nos tornava um alvo constante e que qualquer passo dado em falso da nossa parte seria "ampliado".

As quatro regras que se seguem, que resultam dos pontos anteriores, são fundamentais para construir e manter uma reputação de integridade.

1. *Cumprir os compromissos*

Apesar de "reputação" ser, em certo sentido, *percepção* – a impressão colectiva de públicos muito diferentes, cada um com preocupações e interesses específicos – uma reputação duradoura tem por base a realidade: a implementação contínua dos princípios e práticas de integridade fundamentais, com o mínimo de falhas possível. É realmente essencial e bastam poucas palavras para demonstrar a ideia. Tem também por base a realidade do que acontece quando surgem falhas. Como disse anteriormente, uma gestão de crises competente pode impedir danos na reputação, ou mesmo melhorar a reputação de uma empresa que resolve um problema grave de forma eficaz, séria e atempada.

2. *Antecipar as questões*

Um segundo factor importante da reputação de integridade é antecipar e responder a questões emergentes. Uma estratégia de desenvolvimento começa com diferentes abordagens aos vários *stakeholders* e baseia-se nos processos de avaliação do público discutidos acima para determinar os padrões globais e conseguir avisos prévios. O CEO precisa de estruturar estes processos – e estratégias de comunicação específicas – *stakeholder* a *stakeholder*, através de subordinados directos com responsabilidade no dia-a-dia.[18] (Na GE, por exemplo, estes incluiriam o líder da NBC, o *president* da GE Energy, o responsável pelos programas ambientais da GE e o líder dos recursos humanos da empresa, entre outros.)

Estas estratégias podem implicar ouvir mais e comunicar melhor "de um para um" – focalizadas em explicar as posições da empresa *e* em mostrar sensibilidade relativamente às questões do *stakeholder*. Podem consistir no posicionamento público para ajudar a moldar um debate ou demonstrar uma compreensão ampla sobre uma questão emergente – alterações climáticas, custos dos cuidados de saúde, segurança dos produtos obtidos no exterior, efeito da globalização na força de trabalho interna – sem tomar uma posição pública precisa. Podem envolver análises sobre as próximas tendências e também identificar questões que não têm uma importância imediata, mas que podem vir a ter.

Quando a empresa decide se vai ou não realizar uma determinada acção específica, o centro da decisão devem ser os méritos – a análise custo/benefício daquilo que é melhor para os interesses da empresa a longo prazo. Não é possível nem desejável agradar a todo e qualquer grupo de *stakeholders* ou assumir cegamente todo e qualquer código de conduta proposto por ONG. Uma boa reputação junto de um grupo de *stakeholders* faz parte do cálculo, mas a acção proposta deve fazer sentido relativamente a outros motivos importantes. Na

GE dissemos "não" muito mais vezes a pedidos de *stakeholders* do que "sim" – apesar de que, quando dissemos "não", tentámos fazê-lo com respeito.

A partir deste processo *bottom-up* para os *stakeholders* também irão emergir temas empresariais alargados para além dos restritos interesses do público, os quais o CEO pode solucionar através de esforços de relação com os investidores, publicidade ou outro tipo de comunicação importante. Qual é a posição da empresa sobre a globalização, custos de cuidados de saúde, protecção ambiental ou protecção do consumidor? Agregar, centralizar e sintetizar os temas relacionados com a reputação da empresa como um todo ajuda a manter as decisões e as análises da reputação enraizadas nas realidades da empresa, do mercado e da sociedade. Também destaca as situações inevitáveis nas quais os interesses dos *stakeholders* entram em conflito – como num tema importantíssimo como a globalização – e ajuda a desenvolver a comunicação que aborda essas diferenças (por exemplo redução no número de postos de trabalho internos *versus* desenvolvimento de uma estrutura de custos competitiva).

3. *Criar um relatório de cidadania importante*

O relatório e contas anual fornece detalhes pormenorizados sobre o desempenho. Um relatório de cidadania importante fornece detalhes comparáveis sobre a integridade.

Existe, actualmente, uma vasta indústria que classifica as empresas de acordo com a sua reputação, integridade, cidadania e outros critérios não financeiros. Estas classificações são baseadas em pesquisas ou informações da empresa e são direccionadas para o público em geral ou para um mais específico. Como regra, a GE considerava classificações positivas destas entidades terceiras valiosas para melhorar a sua reputação global. (Desde 2000, a GE tem estado de forma consistente no topo da lista das empresas globais "mais admiradas" da *Fortune* e das "mais respeitadas" do *Financial Times*, mais recentemente, a empresa qualificou-se para o competitivo Dow Jones Sustainability Index.)

Ao mesmo tempo sabíamos que, para a maioria, a metodologia usada na elaboração das classificações relativamente a desempenho e integridade era obscura, e as conclusões resumidas associadas a estes tipos de *rankings* não estavam nem perto de revelar a extensão do nosso esforço de integridade.[19] Para abordar esta questão, a GE emitiu em 2005 o seu primeiro "relatório de cidadania" como complemento à análise e discussão da gestão da empresa no relatório e contas anual.

É claro que a GE não estava sozinha a dar este passo. Muitas empresas no mesmo período de tempo começaram a fazer este tipo de relatório de sustentabilidade ou cidadania. Verdade seja dita, muitos tinham muitas fotografias e pouco detalhe. No que lhe dizia respeito, a GE via este novo relatório como uma oportunidade de relatar em pormenor as futuras acções, questões, resultados, processos e sistemas de integridade da empresa.

Mas como podia o relatório ser elaborado de forma a ser algo mais do que apenas um auto-elogio exagerado? Depois de muita discussão interna, a GE definiu as questões e a estrutura do relatório seguindo um modelo desenvolvido por uma empresa sem fins lucrativos muito respeitada – o Global Reporting Initiative – que é cada vez mais utilizado pelas empresas multinacionais na apresentação sistemática de uma variedade de questões de importância para os *stakeholders* globais.[20] O relatório fornece *links* para o *Website* de integridade da GE e, dessa forma, os leitores podem analisar as directrizes e as políticas relevantes da GE na sua totalidade. Este apresenta factos que permitem comparações ano a ano em áreas específicas, incluindo, por exemplo:

- Questões comunicadas e resolvidas através da provedoria.
- Diversidade dos colaboradores e resultados de investigações.
- O número de fornecedores reanalisados (e eliminados).

- Montante investido em formação e educação.
- Informação sobre a saúde e a segurança ambiental da empresa como um todo (desperdícios, demissões, indivíduos formados, resultados de inspecções de agências).

Também abrange questões controversas – por exemplo a GE como defensora da energia nuclear, o papel da empresa na investigação de células estaminais, a perspectiva da empresa sobre o conteúdo da programação de TV, salários em mercados emergentes e esforços para abordar preocupações éticas e jurídicas emergentes levantadas pela nanotecnologia. Ao mesmo tempo, aborda com franqueza lapsos de integridade embaraçosos. Por exemplo, o relatório de 2007 descrevia um decreto da FDA* que encerrou temporariamente a unidade de negócio de cuidados de saúde GE Healthcare (o anterior negócio de Jeff Immelt) por não cumprir padrões de qualidade.

O relatório anual de cidadania é um alvo em movimento. A GE reúne-se regularmente com *stakeholders* activistas nos EUA e no estrangeiro para discutir a forma e o âmbito do relatório. Fez mudanças nas edições mais recentes – incluindo uma maior ênfase em questões de serviços financeiros e a inclusão de mais possíveis alvos – como resultado dessas discussões.

4. *Comunicar a realidade para criar percepção*

Uma reputação forte, como mencionado, é construída com base numa realidade forte. Mas também nas declarações que descrevem essa realidade. As declarações da empresa são totalmente precisas? As acções prometidas estão a ser completamente implementadas de boa-fé? Quer seja uma comunicação para um investidor sobre as futuras áreas

---

* **N. T.** Sigla relativa a *Food and Drugs Administration*, sensivelmente equivalente à ASAE em Portugal, mas que inspecciona apenas a qualidade de comida, medicamentos e cosméticos.

de crescimento da empresa, para uma ONG sobre o aprovisionamento global ou para todo o público no relatório de cidadania, a credibilidade é fundamental.

Com este cuidado em mente, a GE passou mais de um ano a planear a sua iniciativa de "ecomaginação". Tinha também em mente o desgaste significativo que a Ford sofreu na sua reputação e credibilidade quando teve de abandonar a sua promessa de um SUV com consumo mais eficiente: vítima de tecnologia inesperada e restrição de custos. A iniciativa de "ecomaginação" era vista internamente como uma oportunidade importante de reputação e de negócio, mas também como uma oportunidade com enormes consequências negativas caso a GE falhasse.

A "ecomaginação" captou a atenção das pessoas por ser um tópico *sexy* – alterações climáticas – mas também porque era sobre algo substancial, que podia ser avaliado. Era baseada em 17 tecnologias que já estavam no mercado e tinham dado provas de melhorias ambientais e operacionais relativamente a produtos anteriores. Em segundo lugar, a "ecomaginação" incluía "visão dentro de fronteiras". Por outras palavras, prometia montantes exactos para novos investimentos em investigação e desenvolvimento e previa a introdução de tecnologias adicionais que podiam satisfazer critérios ambientais e operacionais "alargados". E, finalmente, comprometia-se com uma redução absoluta das emissões de gases com efeito de estufa da empresa e um aumento da eficiência energética interna. Estes esforços internos seriam uma "declaração de prova" de que as tecnologias funcionavam.

A introdução da "ecomaginação" melhorou claramente a reputação da GE. Mas estes ganhos em reputação só seriam mantidos se a GE comunicasse os seus progressos de forma honesta – e se cumprisse aquilo com que se tinha comprometido. A reputação, no final, não dependeria de um anúncio ecológico popular – um elefante a dançar ao som de *Singing in the Rain* – mas da credibilidade das reivindicações da GE e dos seus relatórios sobre essas mesmas reinvidicações.[21]

5. O PAPEL BEM DIMENSIONADO
DO CONSELHO DE ADMINISTRAÇÃO

Apesar de apenas o CEO poder atingir a fusão do desempenho elevado com elevada integridade, o conselho de administração também tem o papel fundamental de ajudar – e assegurar que – o CEO e os líderes de topo da empresa desempenham esta função.

Devido à Lei Sarbanes-Oxley e outras reformas pós-Enron, ouvimos lamentos recorrentes de que os membros do conselho se concentram mais em cumprimento do que em estratégia. Mas o papel fundamental que estou a defender não requer que os administradores se empenhem numa revisão interminável de minúcias de cumprimento para se protegerem – nem obriga os CEO a fazer chegar ao conselho detalhes "de fazer entorpecer o cérebro" para se protegerem *a si*. Em vez disso, a contribuição do conselho de administração para o desempenho elevado com elevada integridade surge directamente da sua supervisão básica da estratégia empresarial, definida de forma apropriada.

Assisti a todas as reuniões do conselho e da comissão de auditoria da GE entre 1987 e 2005. Com base nessa experiência, estou convencido de que o conselho pode avaliar se o CEO e os líderes da empresa estão a criar uma cultura eficaz de desempenho com integridade, da mesma forma que avalia outros princípios estratégicos – ou seja, num apropriado, mas não penoso, nível de detalhe. Por seu lado, os CEO precisam de construir credibilidade e confiança junto do conselho de administração relativamente à sua intensidade, compromisso – e eficácia. Esta confiança é determinante quando os "maus ventos" da inadequação "sopram" nalgum canto da organização, como inevitavelmente acontece. Então, o conselho de administração vai precisar (exigir!) ainda maior detalhe e despender ainda mais tempo no problema – e o CEO pode precisar que os administradores se apresentem em defesa da empresa.

Problemas destes desviam o conselho de administração de objectivos mais positivos, da mesma forma que exigem quantidades excessivas de tempo do CEO. É por isso que supervisionar a criação de uma cultura de desempenho elevado com elevada integridade – e implementar as práticas e princípios-chave descritos anteriormente – é tão importante. Concentra o conselho de administração nas questões certas da linha da frente, minimiza o fluxo de detalhes fora do contexto e ajuda a evitar os tipos de problemas menos importantes que exigem tempo e detalhe excessivos por parte dos administradores.

O primeiro passo, como é óbvio, é ter o CEO certo.

Uma nova especificação para o CEO

Quando o conselho de administração começa a abordar a sua responsabilidade mais importante – a sucessão do CEO – é certo que se vai interrogar se os principais candidatos para o cargo têm uma visão do negócio e capacidade de liderança. Também é praticamente certo interrogarem-se se esses candidatos são indivíduos com elevada integridade pessoal. São honestos e francos? Cumprem a sua palavra? São justos?

Mas os conselhos de administração têm de ir mais longe. Precisam de questionar se o candidato que têm em mãos tem um compromisso organizacional e cultural profundo para fundir desempenho elevado com elevada integridade. Tem a experiência, o conhecimento e as competências necessárias – simultaneamente como líder e gestor – para desempenhar esta tarefa determinante de fusão num ambiente que não perdoa, em rápida mudança e desafiante? Em resumo, o conselho de administração tem de adicionar uma nova especificação à descrição da função de CEO e depois encontrar alguém que vá ao encontro dessa especificação. Por isso, também o processo de desenvolvimento de gestão – liderado pelo CEO e supervisionado pelo conselho de administração – precisa de se focalizar nesta especificação de desempenho com integridade relativamente a indivíduos de elevado potencial promovidos para funções de topo nas unidades de P&L e de liderança nas unidades de negócio.[1]

Esta especificação de desempenho com integridade para os CEO tem sido determinante em situações recentes de sucessão forçada. Michael Cherkasky, o responsável máximo do ramo de investigação privada da Marsh & McLennan, foi escolhido para suceder a Jeffrey Greenberg quando se tornou claro que a própria sobrevivência da empresa dependia de, em primeiro lugar, negociações de sucesso com reguladores; em segundo lugar, do desenvolvimento de processos e sistemas de integridade; e, por fim, da cultura.

Os conselhos de administração também se viraram para o exterior para encontrar sucessores adequados, de forma a apresentarem ao mundo uma pessoa livre do passado da empresa. A Boeing escolheu Jim McNerney da 3M depois de escândalos de aprovisionamento, conflitos de interesses e pessoais terem derrubado dois CEO e um CFO. A Siemens contratou Peter Löscher da Merck, depois do presidente do conselho de supervisão se ter demitido e do contrato do CEO não ter sido renovado, no âmbito do enorme escândalo de suborno internacional referido anteriormente.

Incluir um desempenho elevado com elevada integridade no descritivo da função, e dar-lhe ênfase nos processos de sucessão de CEO e de desenvolvimento de gestão, é bem melhor do que tentar lidar com esta questão fundamental de liderança depois de "a casa pegar fogo".

Estratégia e supervisão do conselho: ter uma visão alargada

Em organizações complexas, o conselho de administração deve definir a estratégia de uma forma alargada. Essa definição deve incluir não apenas a estratégia comercial da empresa, mas também a sua abordagem relativamente aos seus riscos de maior prioridade e oportunidades no curto, médio e longo prazo.

Ao abraçar esta definição ampla, o conselho de administração presta, necessariamente, especial atenção à abordagem de desempenho com integridade do CEO. Focaliza-se nos desafios sistémicos e em questões da mais alta prioridade que não se repetem. Uma vez que é simplesmente impossível no tempo disponível para o conselho de administração este rever mais do que questões de primeira ordem, estabelecer a agenda do conselho de forma eficaz define as questões que compõem a estratégia da empresa.

Quando o conselho de administração da GE reescreveu as regras de governação da empresa em 2002, exigiu que o conselho e o CEO, em conjunto, determinassem no final de cada ano as oportunidades e riscos-chave que a empresa ia enfrentar no ano que se seguia. Esses temas tornaram-se então a agenda principal do conselho e foram abordados em profundidade nas reuniões da comissão e do conselho agendadas sistematicamente ao longo do subsequente ano civil. Questões importantes de desempenho com integridade têm um lugar de relevo nestas reuniões da comissão e do conselho. As práticas e os princípios básicos discutidos anteriormente devem ser abordados numa base recorrente. Pontos específicos da agenda podem incluir o plano de trabalho proposto para a equipa de auditoria, as dimensões de integridade das transacções, a diminuição do risco de segurança e saúde ambiental, como lidar com o risco do mercado emergente da China (ou do Médio Oriente ou da Indonésia) e a resposta a controvérsias de elevado impacto e elevada visibilidade. As reuniões regulares dos administradores não executivos – uma das melhores reformas de governação pós-Enron – podem adicionar questões de integridade a estas agendas, à medida que os acontecimentos se desenrolam. As decisões do conselho sobre estratégia devem envolver uma revisão da importância das decisões de gestão e dos processos para a tomada dessas decisões dentro da empresa. O papel principal do conselho de administração deve ser de crítica construtiva. Deve procurar informação relevante e fazer perguntas difíceis, num esforço para garantir que existiu um processo razoável que conduziu a uma posição forte e importante após ponderação por parte da gestão.

O conselho de administração não costuma substituir o seu julgamento pelo da gestão. Portanto, ao supervisionar a estratégia de desempenho com integridade, o conselho não precisa de dominar pormenores ou de delinear o programa. Mas deve analisar, muito seriamente, questões sobre se aspirações expressas, incentivos financeiros e potenciais penalizações criam uma cultura de integridade, e se práticas e princípios-chave – incluindo processos e sistemas rigorosos – estão a ser implementados pelos líderes de negócios.

O nível certo de informação para a supervisão e as decisões do conselho pode variar, incluindo apresentação de matérias de profundidade diversa, resumos nas reuniões ou ambos. Mas o objectivo deve ser sempre o mesmo: o CEO e os líderes de topo devem comunicar, com a maior franqueza possível, as oportunidades, os riscos, as opções e os *trade-offs* mais difíceis para a empresa. Expor, não esconder, as dimensões essenciais das decisões difíceis ou dos sistemas complexos permite ao conselho de administração fazer perguntas pertinentes – com base na sua própria experiência relevante – sobre a acção proposta da gestão e ajuda-o a evitar ficar preso ao detalhe.

Por outras palavras, é a qualidade da informação, a essência honesta do tema, e não a quantidade, que é fundamental para o papel de supervisão estratégica do conselho. Para transacções complexas que envolvam um risco de integridade significativo, e para questões de regulamentação complexas com grande risco financeiro e de reputação, analisar e debater uma questão durante várias reuniões antes da decisão pode ser bem mais eficaz do que uma "reunião relâmpago" baseada em documentos de resumo do tamanho de uma lista telefónica.

Indicadores-chave

Como pode, então, o conselho de administração saber se a empresa está a fundir desempenho elevado com uma elevada integridade? Mais uma vez, a resposta começa com o CEO, que precisa de definir o tipo de informação que pode ser monitorizada ao longo do tempo para responder a esta questão essencial de avaliação. O conselho tem, então, de aprovar e "controlar" essas métricas-chave, que podem incluir os seguintes factores:

1. *Indicadores gerais*

As métricas de integridade utilizadas para avaliar o desempenho da gestão descritas anteriormente podem ser adaptadas para uma apresentação resumida ao conselho de administração e podem incluir o seguinte:

- As revisões feitas pela equipa de auditoria da empresa e pelos auditores externos sobre questões de política de integridade e contabilidade, com relatórios especiais por parte dos auditores, do CFO ou do director do departamento jurídico relativamente a problemas graves ou persistentes em determinados negócios e locais.
- Relatórios da comissão de revisão do cumprimento da empresa sobre o programa de integridade de cada negócio.

- Relatórios especiais exaustivos de especialistas em determinadas funções que se encontram na sede e são responsáveis pela abordagem global da empresa a questões determinantes: ambiente, saúde e segurança, aprovisionamento, assuntos relacionados com a SEC, trabalho e emprego, entre outras.
- Uma revisão das preocupações emergentes da provedoria e da própria *hotline* para os administradores: quantos relatórios por política, negócio e geografia; quantas violações graves de políticas; quantos assuntos em aberto; quanto tempo, em média, para os encerrar; e tendências-chave – e implicações para uma tomada de acção – de todos estes pontos.
- Uma avaliação das tendências por negócio, política e geografia em procedimentos formais do Estado (quer casos concretos apresentados pelo Estado ou investigações formais envolvendo intimações), em inquéritos governamentais informais e em processos judiciais privados.
- Uma avaliação sobre se os sistemas de aviso prévio estão a funcionar, determinar se os problemas ou controvérsias-chave foram previstos pela empresa – e se não, *por que motivo* não o foram?
- Uma revisão das questões de integridade em inquéritos a colaboradores nos vários negócios – não apenas da empresa no global, mas por departamento e unidade de negócio.

Estes indicadores podem ser revistos anual e sistematicamente, alguns no contexto da comissão de auditoria (ou outra) e outros ao nível de toda a administração. Em todos os casos, estes devem ser revistos com base nas tendências, comparando ano após ano.

2. *Indicadores específicos*

As visitas dos membros do conselho de administração aos negócios sem a gestão sénior presente permitem questionar directamente os líderes de negócios sobre as questões-chave de integridade e desempenho. (A GE exige aos seus administradores que façam pelo menos duas visitas destas por ano.) Para além disso, o conselho precisa de conhecer bem as falhas significativas da empresa: uma demonstração financeira alterada, um caso de suborno, a incapacidade em seguir padrões éticos no aprovisionamento, um processo judicial colectivo de crédito ao consumo que acabou em acordo e problemas semelhantes. Os pormenores de cada questão devem ser explicados de uma forma compreensível e concisa numa base regular.

Ao mesmo tempo, o CEO e a liderança de topo também precisam de discutir causas e soluções. Acontecimentos específicos podem quase sempre servir como "janelas" importantes para falhas e melhorias necessárias no sistema e o CEO deve garantir que o conselho de administração consegue compreender claramente os aspectos mais importantes de um determinado acontecimento. O escândalo dos aviões para Israel na GE, por exemplo, conduziu não só a um inquérito detalhado da empresa sobre esse delito específico, mas também a uma análise mais alargada sobre como resolver processos subjacentes relacionados com a venda de motores de avião a governos estrangeiros que eram financiados por fundos norte-americanos.

3. *A credibilidade do CEO*

O conselho de administração tem o direito de esperar que o CEO não esconda factos – que faça uma análise às causas, seja justo em autocrítica e rigoroso na proposta de soluções quando indicadores globais apontam tendências para o lado errado ou quando a empresa e os seus colaboradores cometem erros. A confiança do conselho baseia-se na franqueza do CEO, especialmente nestas questões sensíveis. Jack Welch teve a atenção do conselho quando iniciou uma discussão ao anunciar: "Bem, nós pusemos *este* no olho da rua!"

CEO pago de acordo com o desempenho – com integridade

As comissões de compensação podem mencionar a "integridade do CEO" no seu relatório anual sobre pagamentos a executivos. Mas é rara a empresa que pode indicar um processo sistemático para atingir esse fim – um que vá além das impressões e que estabeleça e depois articule uma ferramenta de compensações específica de desempenho com integridade para o CEO e a liderança de topo.

Ao trabalhar com um novo tipo de consultor de compensações, o conselho de administração e o CEO devem delinear um sistema de compensação construído explicitamente de acordo com os princípios, as práticas e os indicadores-chave discutidos acima. Em cada ano, o conselho deve avaliar:

- Objectivos e metas específicos do CEO.
- Implementação da estratégia de desempenho elevado com elevada integridade nos seus próprios termos.
- Comparações com outras empresas semelhantes (ou, no caso de uma grande transnacional como a GE, com empresas semelhantes em cada uma das suas principais áreas de negócio).

Deve relacionar uma proporção da compensação de base e do bónus com essas medidas de integridade e fazer uma avaliação qualitativa sobre o sucesso do CEO (ou falta dele) nesta questão determinante.

Deixe-me sublinhar este ponto. Para além da própria decisão de sucessão, nenhuma acção por parte do conselho de administração demonstra de forma mais eficaz o seu compromisso para com uma cultura de desempenho elevado com elevada integridade do que incluir o desempenho com integridade nas decisões de compensação para o CEO e para os líderes de topo da empresa. E através de uma discussão explícita desta questão nos documentos públicos da empresa – incluindo o *proxy statement* * e o relatório de cidadania – o conselho comunica ao mundo a importância dada pela empresa à fusão do desempenho elevado com elevada integridade.

Isto é bem mais do que apenas "uma interpretação" ou relações públicas. Isto é o conselho de administração a adoptar publicamente uma posição e a abraçar padrões aos quais se pode e deve agarrar. A compensação do CEO ainda é uma questão complexa e o público procura liderança. Estabelecer "pago de acordo com o desempenho *com integridade*" é uma importante obrigação do CEO e do conselho de administração – mas também uma oportunidade determinante.[2]

Reunir sozinho com o CFO e o director do departamento jurídico

Um pensamento final sobre o papel do conselho de administração na supervisão de uma cultura de desempenho elevado com elevada integridade: todo o conselho de administração – ou, em alternativa, os membros da comissão de auditoria – devem reunir-se periodicamente a sós com o CFO e com o director do departamento jurídico. O objectivo deve ser fazer perguntas sem inibições e receber respostas igualmente sem inibições. Reuniões deste género dão ao conselho de administração variadas perspectivas sobre a empresa e também encorajam estes líderes-chave a desempenhar o seu papel de "guardiães" todo-poderosos.

Isto só pode funcionar com um CEO autoconfiante, que acredita ser bom para o conselho de administração perceber que a empresa não é perfeita. Se o CEO quiser ter uma ideia do que o CFO e o direc-

---

* **N. T.** Documento que contém informação sobre a empresa (exigido pela SEC) a ser entregue aos accionistas para que estes possam tomar decisões informadas sobre os assuntos a serem discutidos em Assembleia Geral de Accionistas.

tor do departamento jurídico planeiam discutir numa sessão separada com o conselho de administração, tem maior probabilidade de solicitar opiniões dos "guardiães" no desenvolvimento normal do negócio.[3]

6. CONSTRUIR A BASE

O argumento mais importante deste pequeno livro é que os CEO têm de controlar – ou reclamar – o desafio fundamental do negócio que é o desempenho elevado com elevada integridade.

Governação nas linhas da frente

Nas páginas anteriores, tentei salientar o papel determinante que o CEO e outros líderes de topo têm de desempenhar na condução deste tema até ao centro das operações de negócios da empresa. Na era pós-Enron, muito do debate de governação sobre desempenho empresarial com integridade concentrou-se no papel do conselho de administração. E apesar de o conselho ter um papel fundamental na vigilância, defendi que os administradores simplesmente não podem fornecer a liderança sustentada, rigorosa, disciplinada e ambiciosa necessária numa empresa complexa e transnacional. Apenas o CEO pode criar uma motivação inflexível para o desempenho e uma cultura inquestionável de integridade – uma cultura que limita as pressões de corrupção por toda a empresa e inspira os colaboradores a fazerem bem as coisas. Não podemos simplesmente sobrecarregar o conselho de administração com mais e mais responsabilidade e pensar que estamos a lidar com os desafios essenciais de liderança e de gestão a partir do CEO.

Acredito de forma segura que o debate de governação sobre desempenho empresarial com integridade tem de se mover e de se focalizar principalmente (embora não de forma exclusiva) na "terceira dimensão" da governação: o papel do CEO e da liderança de topo a governar a empresa e a conduzir os princípios e práticas necessárias para fundir os objectivos duplos do capitalismo. Nem os accionistas (primeira dimensão) nem o conselho de administração (segunda dimensão) o podem fazer.

Tal como em muitas outras áreas, os CEO têm de liderar não apenas dentro da empresa, mas também no exterior, para dar forma a um debate mais alargado – convocar fóruns públicos quer para gestão disciplinada do negócio quer para liderança empresarial inspiradora, combinadas de forma a resultar em desempenho elevado com elevada integridade. Precisam de discutir os assuntos difíceis, os *trade-offs* e as falhas, bem como os benefícios e os sucessos. Claro que devem falar publicamente dos grandes desafios de uma economia global, tecnologias de inovação, regulamentação que precisa de reformas e importância de melhorar o sistema educativo. Mas devem também ser visíveis e dar voz a este assunto fundamental, que está no centro do capitalismo – em discursos no Business Council[*], no National Press Club[**], em associações empresariais de grandes cidades e em fóruns nas suas comunidades e por todo o mundo.

Ao fazer isto, talvez consigam mover o enfoque do cada vez mais estéril debate de governação – que hoje parece ser quase exclusivo do conselho de administração – para o tema complexo e variado de governação do CEO na linha da frente. Pode ser que consigam, em conjunto com os administradores, redefinir o papel que o conselho de administração deve assumir a vigiar e a apoiar a governação eficaz da empresa (não a liderar ou a gerir), incluindo uma nova especificação para o CEO e o pagamento não apenas pelo desempenho mas de acordo com o desempenho com integridade.

---

[*] **N. T.** Associação dos CEO das maiores empresas mundiais.

[**] **N. T.** Localizada em Washington, é a principal organização profissional de jornalistas a nível mundial.

Desempenho com integridade: os benefícios de uma cidadania empresarial

"A cidadania empresarial" – ou responsabilidade social das empresas – continua a ser tema de um debate mordaz e aceso. Os defensores comprometidos com a responsabilidade social das empresas argumentam, com enorme paixão, que as empresas devem fazer mais para mudar o mundo para melhor, criando benefícios para os mais diversos *stakeholders*, ignorando muitas vezes o impacto no desempenho do negócio. As críticas mais duras à responsabilidade social das empresas, feitas com a mesma força, defendem que "negócio é negócio" e que as empresas existem principalmente (ou apenas) para maximizar os lucros dos seus accionistas, ignorando a importância dos restantes *stakeholders* para o bem-estar económico da empresa. Nenhum destes argumentos isolados corresponde à verdade.

Conforme descrito anteriormente, a cidadania empresarial tem três dimensões inter-relacionadas: um desempenho económico forte e sustentado; cumprimento rigoroso com a letra e o espírito das normas formais financeiras e jurídicas; e padrões globais e valores de integridade para além destes requisitos formais que, na opinião dos líderes empresariais, melhoram a reputação e a saúde da empresa a longo prazo.

O desempenho elevado com elevada integridade está no centro desta visão de cidadania empresarial – e o debate desta matéria deve ser sobre a fusão destes dois objectivos fundamentais.

O desempenho económico forte e sustentado fornece enormes benefícios para todos os *stakeholders* da empresa e as falhas no desempenho podem devastar os seus interesses. Mas muitas vezes argumentei que este aspecto fundamental do negócio (e primeiro elemento de cidadania) é erradamente ignorado ou subestimado pelos defensores da responsabilidade social das empresas ou da cidadania empresarial.

Os defensores da cidadania empresarial subestimam igualmente muitas vezes a adesão às normas financeiras e jurídicas formais, pressupondo que é algo que deve ser tomado pelas empresas como garantido. Como tentei demonstrar, esta adesão implica uma liderança inspiradora e uma gestão disciplinada, bem como gastos de tempo, esforço e recursos. Vale a pena sublinhar que as consequências das falhas significativas de integridade (como as falhas significativas de desempenho) podem ter um impacto devastador em muitos *stakeholders* que os defensores da responsabilidade social das empresas dizem estar a representar.

Por outro lado, a crítica à cidadania empresarial desvaloriza o objectivo da empresa quando defende a simples maximização (muitas vezes a curto prazo) do valor para os accionistas. Minimizam o sucesso comercial de longo prazo de ir para além das rigorosas regras formais e comportarem-se de forma transparente e responsável em relação àqueles de quem a empresa depende: contratados, colaboradores, pensionistas, accionistas, credores, clientes, fornecedores e comunidades. Isto pode assumir a forma de padrões globais por toda a empresa - que esta escolhe voluntariamente assumir no dia-a-dia - e que criam uma série de regras internas para adesão dos colaboradores. Esta dimensão ética envolve também o compromisso dos colaboradores para com os valores de integridade da honestidade, franqueza, justiça, seriedade e confiança. Juntos, podem criar o valor que é a base do desempenho económico forte no longo prazo.

Não existe uma escolha rígida entre accionistas e outros *stakeholders*. A tarefa é avaliar como optimizar os benefícios para todos aqueles em quem a empresa tem impacto – e de quem esta depende.

Ao fazer esta avaliação, os tipos de benefícios a serem conseguidos pelos diferentes *stakeholders* a partir de um elevado desempenho comercial são bem compreendidos: crescimento, confiança, inovação, emprego, valor de mercado, tudo originado pelo fornecimento de produtos e serviços excepcionais. Os tipos de benefícios que resultam de uma elevada integridade – desde o esforço consistente dos colaboradores que não seguem apenas as regras formais e éticas, mas personificam os valores da honestidade, franqueza, justiça, seriedade e confiança – podem não ser tão óbvios, mas são bem mais profundos.

Na empresa, os benefícios de uma elevada integridade incluem:

- Fornecer processos transparentes que promovam a compreensão e adesão dos colaboradores.
- Dar mais poder aos colaboradores, quer através de mecanismos como sessões fora da empresa – que desafiam a sabedoria convencional dos gestores – , quer de mecanismos que lhes dêem "voz" para exprimirem as preocupações financeiras, jurídicas, éticas e de reputação.
- Ajudar na correspondência de valores pessoais com os da empresa, criando uma convergência fundamental entre o que as pessoas *são* e o que *fazem*.
- Apoiar um sistema de recursos humanos com base no mérito e não na camaradagem ou corrupção.
- Criar orgulho na empresa.
- Ajudar a recrutar, a reter e a motivar profissionais de excepção.
- Promover um ambiente e uma cultura positivos para as pessoas fornecerem bens e serviços de elevada qualidade, proporcionando elevada produtividade a uma empresa de que gostam.

Fora da empresa, no mercado, o desempenho com integridade evita (ou reduz o risco de forma eficaz) situações de catástrofe – e reduz a probabilidade de custos significativos, resultantes de processos ou reclamações de clientes ou de danos ambientais. Apresentando-o de forma mais positiva, os benefícios do desempenho com integridade incluem:

- Contribuição considerável para a integridade de produtos ou serviços.

- Redução de custos e aumento da eficiência em muitos processos de negócios – por exemplo aquisição, *due diligence* e integração, ou produção mais eficiente, em parte para reduzir a poluição.
- Projecção da marca.
- Fazer da empresa um parceiro desejável para clientes e fornecedores – e ganhar a sua confiança.
- Diferenciar a empresa de concorrentes com menos escrúpulos, cativando compradores em mercados emergentes que se preocupem com as suas reputações de integridade.
- Projectar a reputação da empresa aos olhos dos accionistas, credores e agências de *rating* que (por razões económicas) adicionaram o risco de integridade às suas análises de investimento
- Ser atractiva para a pequena mas crescente comunidade de investidores socialmente responsáveis.
- Responder a problemas sociais emergentes, como as alterações climáticas, para que beneficiem quer o negócio quer a reputação.

Por último, a ênfase da empresa na integridade cria benefícios importantes ao nível da comunidade global mais vasta, incluindo:

- Dar à empresa credibilidade nos debates públicos, que pode ajudar a tornar as regras formais mais equilibradas e sensatas.
- Criar credibilidade junto dos reguladores e daqueles que aplicam a lei, o que cria, no mínimo, uma relação colaborativa de respeito na resolução de questões de regulamentação ou de investigação e, no seu melhor, pode ajudar a encontrar soluções para os problemas que surjam.
- Aumentar as oportunidades de cobertura noticiosa positiva, o que afecta a reputação e a marca.
- Ajudar a recuperar e a manter a confiança nos negócios e servir como o antídoto necessário para o fluxo incessante de publicidade negativa relativamente aos negócios.

- Contribuir para um crescimento legítimo e duradouro – mesmo na construção da organização – em mercados emergentes que, se bem sucedidos, tornam esses países mais fortes e localizações mais favoráveis aos negócios.

Fundir os benefícios do desempenho com os benefícios da integridade – em qualidade, lealdade dos colaboradores, produtividade, fidelização de clientes, credibilidade pública, confiança no negócio – pode tornar uma organização de negócios importante que conquista a confiança dos accionistas e dos outros *stakeholders*. A empresa torna-se verdadeiramente um cidadão responsável.

A questão do custo

A questão fundamental permanece: quanto custa isto tudo? Não é gratuito implementar os princípios e práticas de desempenho elevado com elevada integridade e usufruir dos benefícios associados. Como devemos pensar nos custos – e os benefícios justificam o investimento?

Não é simples nem fácil responder a esta questão, mas ajuda começar por olhar para três tipos distintos de custos e vê-los como investimentos com os tipos de benefícios (compensações) descritos acima.

1. *O custo de obedecer às normas financeiras e jurídicas formais*

É óbvio que as empresas incorrem em alguns custos quando procuram agir de acordo com as normas formais - o que têm de fazer porque as empresas, tal como os cidadãos, não estão acima da lei. A questão implica profundidade, nível, energia e investimento. Deverá uma empresa criar sistemas e processos, e equilíbrio de poderes, que assumam um nível mínimo de cumprimento? Ou deverá tentar responder ao espírito e letra da lei daquelas normas formais? Invocando uma metáfora do mundo automóvel, deverá preparar-se para construir um MINI ou um BMW Série 7? Se são necessários novos colaboradores para se chegar ao cumprimento, devem estes ser apenas (leia-se pouco dispendiosos) vigilantes dos processos ou verdadeiros especialistas – em impostos, ambiente, controlos de exportação ou emprego? Estes jogadores de "classe A" são mais caros, mas capazes de dar contribuições importantes ao nível da estratégia, acordos, política pública, bem como em temas que envolvem navegar em águas pouco profundas.

Ao pensar nos investimentos em sistemas e processos para adesão às normas formais, é importante recordar que este custo específico pode, na realidade, evitar ou reduzir os custos globais de pelo menos duas formas. Primeiro, este investimento pode não só evitar os custos extraordinários de uma falha catastrófica na integridade, como ajudar a prevenir e a reduzir muitos outros custos mais regulares com um grande efeito cumulativo: reclamações e processos dos consumidores, acções interpostas pelos colaboradores, inquéritos de reguladores e acções de cumprimento da lei com efeitos menos catastróficos, mas que ainda assim levam à interrupção da produção ou das cadeias de abastecimento.

Em segundo lugar, os sistemas e processos de integridade podem melhorar os processos de negócios, que por sua vez reduzem os custos, aumentam a qualidade, melhoram a produtividade total e atingem outros resultados comerciais. A avaliação do risco e sistemas de aviso prévio no que diz respeito aos assuntos de integridade devem ser parte integral e complementar de uma avaliação e redução mais vastas dos riscos dos negócios. Quando estes processos estão ligados a processos formais de qualidade, podem conduzir à simplificação e à redução de custos. A disciplina de integridade nos acordos reduz a hipótese de a atitude habitual não resultar. Cumprir de forma enérgica algumas regulações pode ajudar mais do que prejudicar. A GE concluiu, por exemplo, que os requisitos da secção 404 da Sarbanes-Oxley melhoraram efectivamente a sua disciplina financeira (em áreas como identificação de receitas, contabilidade de derivados ou avaliação de inventário). Os métodos preventivos de reduzir a poluição sob regimes reguladores podem resultar em processos de produção mais simples e menos dispendiosos, com múltiplos benefícios.[1] O desempenho sustentável é uma combinação de empreendedorismo e disciplina. Não acredito que as pessoas na GE sentissem que a disciplina de uma cultura com integridade suprimisse a inovação sustentável – pelo contrário – apesar de, sem dúvida, exigir esforço.

No final, os CEO têm eles próprios de decidir quanto investir em sistemas e processos de integridade com o objectivo de aderir às normas financeiras e jurídicas formais – pesando o nível de risco que a empresa está disposta a assumir, em relação à contrapartida dos custos que se evitaram e das melhorias nas unidades de negócio. Algum investimento é exigido sob pena de o CEO ou a empresa enfrentarem queixas criminais. Uma empresa pode adoptar uma abordagem minimalista e, por isso, assumir riscos importantes: investir o mínimo indispensável para criar e manter processos e sistemas muito básicos. Uma empresa comprometida com um desempenho elevado com elevada integridade vai optar por fazer um investimento significativo para a forte adesão ao espírito e à letra das normas financeiras e jurídicas. Uma análise profunda pode mostrar as opções aos CEO – e avaliar como o custo de adesão pode ser um bom investimento do ponto de vista financeiro e de senso comum.

2. *O custo de aderir voluntariamente aos padrões globais adoptados*

Conforme sugerido no Capítulo 3, um mesmo tipo de análise custo/benefício aplica-se quando o CEO, executivos de topo e o conselho de administração estudam se vale a pena adoptarem um padrão ou compromisso global, para além das normas formais, que vincule a empresa e os seus colaboradores.

Nalguns casos, não se põe em causa o custo. Por exemplo, adoptar um padrão global de não discriminação em decisões de contratação é um imperativo numa empresa transnacional. Noutros exemplos, considerações sobre custos desempenham um papel fundamental na procura de uma resposta equilibrada ao desafio. A iniciativa de aprovisionamento ético da GE, por exemplo, baseia-se numa série de directrizes detalhadas que têm de ser cumpridas na contratação de fornecedores qualificados. No entanto, a análise do fornecedor, ou da fase de qualificação ou de implementação do contrato – por motivos práticos e de escassez de recursos – não é tão exaustiva como uma *due diligence* ou auditoria em larga escala. E os segundos e terceiros fornecedores podem não ser sujeitos a um escrutínio tão rigoroso como os de primeira linha.

Isto significa que acabam por existir casos em que os custos de uma acção, presumivelmente boa para o negócio, sociedade ou economia do país, são tão elevados – por exemplo protecção de crédito ao consumidor ou restrições na produção de gases com efeito de estufa – que as intervenções de política pública, aplicáveis a todos os concorrentes, podem ser as únicas formas de distribuir estes custos, de forma justa, e manter uma concorrência saudável.

Mas, como destaquei, decisões sobre padrões globais têm de avaliar os benefícios ao longo do tempo, não apenas através da análise financeira, mas também do senso comum e de juízos baseados no mundo real quando os números não captam a realidade (como acontece na maior parte dos casos).

3. *O custo de negócios perdidos*

Um terceiro custo, mais uma vez difícil de se avaliar, é o negócio perdido na sequência de um desempenho com integridade. O tema mais

Desempenho elevado com elevada integridade 143

recorrente é a procura de subornos por parte de representantes corruptos do Estado em países em vias de desenvolvimento, o que envia uma mensagem imediata: se não pago, não consigo fazer o negócio.

Mas aqui vale a pena destacar três benefícios profundos – pelo menos aos olhos dos líderes da GE – que ultrapassam de forma significativa os custos de negócios perdidos. Primeiro, os subornos comprometem uma cultura de integridade uniforme e global; enviam mensagens de esperança confusas; e, inevitavelmente, corrompem a organização. Os valores fundamentais dos colaboradores – honestidade, franqueza, justiça, seriedade e confiança – simplesmente não podem desenvolver-se quando as leis não são cumpridas e a empresa compromete os padrões globais apenas para conseguir fazer mais negócios.

Em segundo lugar, o suborno cria um importante risco jurídico, político e de reputação – desde a acusação legal no mundo desenvolvido a ataques políticos no mundo em desenvolvimento, quando o pêndulo político, que subornou o *ancient régime*[*], abana e atinge as empresas. O escândalo que envolveu a Siemens devido a sistemáticos pagamentos indevidos fornece um *case study* eficaz sobre o "não" que uma empresa com uma cultura de desempenho com integridade deve dizer.

Em terceiro lugar, há benefícios visíveis nos mercados emergentes de se assumir como uma empresa com uma reputação "impecável". Partindo do princípio que o Governo não é integralmente corrupto, os ministros podem querer negociar com empresas de bom-nome, para evitar uma mancha de corrupção – e podem chamar a empresa para demonstrar ao país como é possível conduzir um negócio com integridade.

Por último, conforme argumentei, o tema do custo resume-se uma vez mais a juízos e valores, e não a meros cálculos. Será que os benefícios de um desempenho elevado com elevada integridade

---

[*] **N. T.** Antigo Regime. Quer dizer que a prática do suborno era mais aceitável em décadas passadas quando o tema da ética empresarial não estava na ordem do dia.

ultrapassam, de forma eficaz, os custos associados? Não o posso provar, mas procurei várias razões para o justificar. Acredito que esta é uma verdade quase universal: um desempenho elevado com elevada integridade é fundamental não apenas em empresas multinacionais, com grande projecção pública, como a GE, mas também em negócios de pequena e média dimensão.[2]

No final, a resposta à questão *O que é que esta empresa representa?* não precisa de uma calculadora ou folhas de Excel. Apenas bom senso... e visão... e liderança.

Construir a base

Todos os anos, os CEO conduzem a empresa em direcção a um melhor desempenho, através de iniciativas especiais de todos os tamanhos e formas: produtividade, simplicidade, enfoque no consumidor, abastecimento global, qualidade, formação e produção sem erros, para referir algumas.

A maior parte dos CEO fala publicamente da importância da integridade. "Um grande legado de integridade inquestionável que nos coloca à frente da concorrência." É retórica típica numa empresa que chegou a um impasse devido a uma acção indevida. A questão é saber quem leva isto a sério.

Resume-se a saber quem ganha ou perde e a forma como jogou. Têm de ser implementadas medidas ao longo do tempo sobre o trabalho permanente de fundir os dois objectivos fundamentais dos negócios: o desempenho elevado e a elevada integridade.

O verdadeiro desafio do CEO acaba por ser transformar a simples retórica em realidades difíceis de alcançar: através da combinação de liderança e da gestão; através de princípios e práticas fundamentais; através da integração dos sistemas e processos de integridade nas operações de negócios; através do pagamento e da promoção não apenas pelo desempenho, mas de acordo com o desempenho com integridade; e através de uma combinação de penalizações persuasivas, incentivos e aspirações – que reunidos formam uma cultura genuína e positiva. Isto não é uma série de pontos espalhados por uma apresentação de PowerPoint; é um conjunto complexo de ideias e acções interligadas. A verdade é que, tal como em qualquer questão empresarial significativa, apenas os CEO e os líderes de topo podem colocar em prática o sistema de princípios e práticas inter-relacionados e mutuamente reforçados.

Tenho a esperança de que este livro ajude os líderes das empresas a estar à altura do desafio – um desafio que implica não apenas colocar em prática a acção empresarial do ano, mas a construção de uma base forte de desempenho com integridade.

NOTAS

Capítulo 2

1. As mudanças nas regras que aumentam as responsabilidades do conselho de administração incluem as condições impostas pela Lei Sarbanes-Oxley, a implementação das regulamentações SEC, mudanças na lista de requisitos da bolsa, exigências do Governo impostas por observadores ordenados pelo tribunal em casos particulares e revisões empresariais pós-Enron dos princípios de governação das sociedades empresariais e cartas da comissão. O *site* sobre governação das empresas, http://www.corpgov.net/links/links.html, tem 14 páginas de *links* para *sites* de governação.

2. Entre 1995 e 2007, o orçamento da SEC aumentou quase 200 por cento, de cerca de 300 milhões para quase 900 milhões de dólares.

3. O cumprimento está a atingir nos países desenvolvidos os níveis dos Estados Unidos, quer envolva privacidade ou assuntos de concentração na União Europeia, ou protecção do consumidor na Inglaterra ou no Japão. Os inquéritos do Governo a questões de integridade à Parmalat, à Shell, à Ahold, à Volkswagen e à Siemens ilustram esta situação. Também as investigações ou controvérsias num país ou jurisdição são geralmente influenciadas por reguladores e vinculadores da lei de outras jurisdições ou países.

4. Se determinadas regras existentes são necessárias ou estão enquadradas da maneira mais eficaz em termos de custos é matéria para debates de política pública. Mas até à mudança ou clarificação das regras, a obediência – ou evitar chegar muito perto de uma

linha ambígua e em movimento – é requerida para evitar perdas significativas.

5. Constance E. Bagley e Diane W. Savage, *Managers and the Legal Environment: Strategies for the 21st Century* (Mason, Ohio: Thomson West, 2006), 15. (O dever dos administradores de gerir no "melhor interesse" da empresa não significa a obrigação da maximização do lucro, mas tem sido interpretado pelos tribunais estaduais de modo a permitir às empresas liberdade significativa na abordagem aos interesses de outros *stakeholders*). Ver também Einer R. Elhauge, "Corporate Managers' Operational Discretion to Sacrifice Corporate Profits in the Public Interest," em *Environmental Protection and the Social Responsibility of Firms: Perspectives From Law, Economics, and Business,* eds. Bruce L. Hay, Robert N. Stavins e Richard H. K. Victor (Washington, DC: RFF Press 2005), 13-76.

6. E. Merrick Dodd, "For Whom Are Corporate Managers Trustee?" *Harvard Law Review* 45 (1932): 1145, 1154. Mais de 50 anos depois, Bill George, antigo CEO da Medtronic, ofereceu a mesma visão equilibrada: "A confiança é tudo, porque o sucesso depende da confiança dos clientes nos produtos que compram, da confiança dos colaboradores nos seus líderes, da confiança dos investidores em quem investe por eles e da confiança do público no capitalismo. (...) Se não tiver integridade, ninguém confia em si, muito menos eles." Bill George, *True North: Discover Your Authentic Leadership*" (Nova Iorque: John Wiley & Sons, Inc. 2007), xxv-xxxii.

7. Por exemplo, a GE tem mais de 18 mil motores de aviação em mais de oito mil linhas comerciais, a transportar mais de 700 milhões de passageiros por ano. Tem uma base instalada de cerca de três mil turbinas que fornecem 700 gigawatts de capacidade – e criam um terço da electricidade mundial. Tem mais de 35 mil aparelhos de imagem espalhados pelo mundo que permitem 250 milhões de exames a doentes por ano. Ajuda dezenas de milhões de clientes a obter crédito e centenas de milhares a conseguir empréstimos comerciais.

Capítulo 3

1. Ver, na generalidade, John P. Kotter e James L. Heskett, *Corporate Culture and Performance* (Nova Iorque: Free Press, 1992)

2. Relatos de questões de cultura mais amplas da BP encontram-se no relatório de Janeiro de 2007 dirigido ao conselho de administração pelo painel independente presidido por James Baker ("The Report of the US Refineries Independent Safety Review Panel") e no relatório de Março de 2007 do US Chemical Safety and Hazard Investigation Board ("Investigation Report: BP Refinery Explosion and Fire"); Sheila McNulty, "Blowdown: How Faults at BP Led to One of America's Worst Industrial Disasters," *Financial Times*, 19 de Dezembro de 2006, 17: Ed. Crooks, "How Storm Clouds Gathered Over 'Sun King'" *Financial Times*, 12 de Janeiro de 2007, 9.

A 26 de Outubro de 2007, a BP estabeleceu um acordo global com as autoridades norte-americanas para pagar multas e penalizações no valor de 380 milhões de dólares por violações que estiveram na origem da explosão da refinaria, falhas e encerramentos em oleodutos, e fraudes no comércio de energia. Isto inclui um acordo extra-judicial e uma multa de 50 milhões de dólares (a maior no âmbito do Clean Air Act), pela explosão e mortes no Texas. Jeremy Grant *et al.*, "BP Hopes $380m Settlement Will Draw a Line Under Scandals," *Financial Times* (Londres), 26 de Outubro de 2007, 1.

3. Kenneth Andrews, *Ethics in Practice: Managing the Moral Corporation* (Boston: Harvard Business School Press, 1989).

4. John P. Kotter, "What Leaders Really Do", *Harvard Business Review*, Maio-Junho de 1990.

5. John P. Kotter, *Leading Change* (Boston: Harvard Business School Press, 1996), 25.

6. Há diferenças significativas nos vários países e regiões. Os Estados Unidos e a União Europeia têm diferentes abordagens

150 Ben W. Heineman Jr.

em relação à contabilidade, lei da concorrência, privacidade e lei fiscal que têm impacto significativo nas empresas multinacionais. Acresce que as normas especializadas se aplicam a mercados específicos de produto: regras FCC para a NBC, FDA para a GE Healthcare, regras federais para a GE Engines e regras específicas para emissões das locomotivas e turbinas GE. Para um resumo do enquadramento legal norte-americano para leitores de negócios, ver Constance E. Bagley e Diane W. Savage, *Managers and the Legal Environment: Strategies for the 21st Century* (Mason, Ohio: Thomson West, 2006), Capítulo 1.

7. Ver, por exemplo, o Ethics Resource Center, http://www.ethics.org/; *Compliance Week*, http://www.complianceweek.com/; e a Ethics&Compliance Officer Association, http://www.theecoa.org/AM/Template.cfm?Section=Home.

8. Outros exemplos incluem directrizes detalhadas sobre fiscalização, evitar pagamentos indevidos na contratação de consultores e distribuidores nos mercados emergentes, abordagem apropriada a ofertas e entretenimento, formação especializada de equipas de vendas nos mercados emergentes e acções de integridade exigidas para cada semana do ano em calendários computadorizados.

9. Outros exemplos incluem os líderes de crédito ao consumo terem de incluir os requisitos éticos e legais nos processos altamente automatizados de vendas (guiões), decisões de crédito (protecções não discriminatórias) e recolha e monitorização do desempenho (chamadas gravadas). Os processos de qualidade e de arquivo de registos da Federal Aviation Administration foram integrados no fabrico dos motores de aviação. Os líderes do aprovisionamento eram responsáveis por questões técnicas, financeiras e éticas na qualificação e requalificação dos fornecedores. Os líderes das equipas de negócios tinham a responsabilidade de assegurar que as questões de integridade eram tidas em conta nos processos de aquisição.

10. Relatório de Março de 2007 do US Chemical Safety and Hazard Investigation Board ("Investigation Report: BP Refinery Explosion and Fire").

11. Uma revisão básica à integridade tem certos elementos distintos. Primeiro, uma apresentação das métricas-chave. Entre as mais evidentes estão as preocupações presentes nos sistemas de provedoria, duração e disposições dos casos privados interpostos, procedimentos governamentais formais (que envolvem uma intimação ou um caso interposto), o nível de integração dos processos de cumprimento nos negócios, o número de colaboradores que recebe formação, inquéritos nas unidades de negócio e recursos investidos em mercados e localizações de risco. Em segundo lugar, as áreas de risco são avaliadas de acordo com vários parâmetros complementares: os processos de controlo são fortes ou estão em desenvolvimento; a área deve ser monitorizada contínua ou periodicamente; a área merece uma atenção imediata? Planos específicos de redução do risco são introduzidos nas áreas de alto risco. Uma terceira área é a discussão de investigações e de casos significativos para se compreenderem as raízes dos problemas e as soluções adequadas. A avaliação e redução do risco para novas aquisições é o quarto tema obrigatório. Outros incluem relatórios pormenorizados de questões pendentes, estratégias gerais para mercados emergentes, descrições do envolvimento e comunicações da liderança.

12. As áreas habituais de preocupação em anos recentes foram o crescimento mais rápido do que a infra-estrutura institucional, contabilidade manual em locais que precisavam de digital, processos operacionais de negócio interrompidos (por exemplo: vendas, inventário, produção, garantia), complexidade desnecessária da organização e aquisições mal integradas.

13. Ver por exemplo a Organização para a Cooperação e Desenvolvimento (OCDE), *Guidelines for Multinational Enterprises*, http:// www.oecd.org e Business for Social Responsibility, http://www.bsr. org/. Uma boa investigação de uma perspectiva europeia é de Andrew Crane e Dirk Matten, *Business Ethics: Managing Corporate Citizenship and Sustainability in the Age of Globalization*, 2ª edição (Nova Iorque: Oxford University Press, 2007).

14. Lynn Sharp Paine *et al.*, "Up to Code: Does Your Company's Conduct Meet World-Class Standards?", *Harvard Business Review*, Dezembro de 2005. Para uma das discussões analíticas mais profundas e de fácil compreensão de diferentes perspectivas da ética no contexto negocial, ver Lynn Sharp Paine, *Value Shift: Why Companies Must Merge Social and Financial Imperatives to Achieve Superior Performance* (Nova Iorque, McGraw-Hill, 2003).

15. É claro que o Departamento de Justiça e a SEC podem intentar procedimentos legais e reguladores contra consultores terceiros que alegadamente ajudaram a empresa a defraudar os investidores. Mas as definições dos elementos do crime ou o delito regulamentar estão a evoluir. Não foi claro durante anos se os accionistas privados podiam desencadear estes processos por danos civis, mas um caso recente do Supremo Tribunal norte-americano decidiu que os investidores privados não podem processar consultores terceiros ou bancos de investimento, a não ser que o seu papel fosse explícito e implicasse confiança por parte dos investidores (*Stoneridge Investment Partners LLC v. Scientific Atlanta Inc.* foi discutido em Outubro de 2007 e decidido em Janeiro de 2008.)

16. Ben W. Heineman Jr., "Caught in the Middle", *Corporate Counsel*, Abril de 2007.

17. Nas investigações de alteração de datas de opções, os directores do departamento jurídico têm a mesma probabilidade dos CFO de serem sujeitos a acusações criminais ou tornarem-se arguidos em processos civis. A juntar à contabilidade duvidosa, áreas da responsabilidade do director do departamento jurídico, como divulgação pública e processos do conselho de administração, estão no centro das principais violações.

18. Comparar John C. Coffee, *Gatekeepers: The Role of the Professions and Corporate Governance* (Nova Iorque; Oxford University Press, 2006) (os líderes de equipas internos não podem ser independentes) com Nova Iorque City Bar Association, *Report of the Task Force on the*

Lawyer's Role in Corporate Governance, Novembro de 2006 (os líderes de equipas internos têm de ser independentes).

19. ABA Task Force on Corporate Responsibility, "Report of the American Bar Association Task Force on Corporate Responsibility", *Business Law* 59 (2003): 145, 157.

20. A qualidade dos advogados internos está a aumentar num número crescente de empresas e o papel principal de fornecer amplo aconselhamento aos líderes de negócios está a passar dos escritórios de advocacia para o director e o departamento jurídico das empresas. Ver Ben W. Heineman Jr., "In the Beginning", *Corporate Counsel,* Abril 2006 (discussão das mudanças nos departamentos jurídicos principais).

21. Estas explicações há muito utilizadas são discutidas da perspectiva do gestor em Saul W. Gellerman, "Why 'Good' Managers Make Bad Ethical Choices," *Harvard Business Review,* Julho de 1986.

22. Ver GE, *Investing in a Sustainable Future: GE 2007 Citizenship Report* (Fairfield, Connecticut: GE, 2007) ou http://www.ge.com/company/citizenship; e "Sales Channels University" da GE Energy em http://eselearning.com/.

23. As relações com terceiros incluem *joint ventures* (com controlo ou acções minoritárias); fontes de abastecimento (participação maioritária/minoritária); empresas comerciais ou agregadas que abastecem a empresa; e, o mais difícil, distribuidores, agentes e consultores que se encontram entre a empresa e o cliente final, com o constante risco de pagamentos indevidos. Para estas relações é preciso dar educação e formação adequadas aos colaboradores da empresa. Por exemplo, numa *joint venture* com controlo, a GE exigiu a adopção da abordagem de desempenho com integridade enquanto empresa-mãe – incluindo educação e formação semelhantes. Mas com uma posição minoritária, a empresa pode apenas pedir – não exigir – este tipo de abordagem. O mais difícil é educar e formar distribuidores e agentes terceiros. O melhor que pode ser feito é dar-lhes conhecimento de que têm de seguir as políticas de integridade da empresa e que o contrato acaba se houver violações às mesmas.

24. Os líderes têm de conduzir um processo cuidadoso que envolva a identificação das necessidades de formação em integridade, avaliação dos recursos necessários, desenvolvimentos cautelosos, entrega eficaz da informação, avaliação honesta da retenção de conhecimento e exame contínuo das falhas, riscos e necessidades novas – por outras palavras, um ciclo clássico e contínuo de melhoria. Também precisam de considerar a educação e a formação como parte de uma estratégia de comunicação mais alargada que envolve uma série de actividades, desde importantes discursos a discussão regular nas reuniões de topo, à participação na avalização dos colaboradores e a políticas de compensação.

25. Uma discussão sobre o discurso da Boeing em Janeiro de 2006 aos líderes de topo da empresa pode ser encontrada em "Boeing's Top Lawyer Spotlights Company's Ethical Lapses," Law Blog, *Wall Street Journal Online*, 31 de Janeiro de 2006, http://blogs.wsj.com/law/2006/01/31/boeings-top-lawyer-rips-into-his-company. Os escândalos da GE em Israel e no Japão, nos quais os colaboradores falharam a reportar acções indevidas também ilustraram uma cultura de silêncio em determinadas unidades de negócio que levou os responsáveis a afastarem-se.

26. Na secção 301 da Lei Sarbanes-Oxley de 2002 há uma exigência de uma linha aberta disponível a colaboradores para reportarem directamente ao conselho de administração ou comissão de auditoria preocupações ligadas a controlos internos ou contabilísticos (Pub. L. No. 107-204, 116 Stat.745). Na GE, estas preocupações eram dirigidas directamente aos administradores e ao provedor – e eram investigadas pelas equipas financeiras e jurídicas. Tal como com assuntos correntes do sistema de provedoria, alegações acerca de colaboradores do topo da empresa podem exigir do conselho um inquérito com recursos externos para evitar conflitos de interesses. Estes relatórios apontam tendências importantes: sobre os negócios, regiões e políticas de integridade que são objecto dos relatórios; sobre o número de violações; sobre o tempo necessário para investigar e encerrar assuntos; sobre

o nível de queixas anónimas; e, conforme exigido, sobre os tipos de mudanças no sistema necessários como resultado das violações.

27. A revisão *bottom-up* é também uma forma de os gestores com posições mais altas avaliarem a intensidade e o compromisso dos líderes ao longo da organização – para calcular como os colaboradores sentem que o negócio se relaciona com vários reguladores. Por exemplo, colaboradores no negócio de títulos da GE terão ideias de como o negócio se comporta com reguladores em assuntos como cumprimento de especificações do Governo, segurança do produto, segurança dos colaboradores, radiação, testes, etiquetagem, narcóticos e materiais perigosos.

28. Por exemplo: "Determinei como as iniciativas de novos negócios (aquisições, digitalização ou expansão global) alteram ou aumentam os riscos relevantes da minha operação?" Ou "identifico os riscos de cumprimento para cada um dos meus colaboradores e estabeleço planos de formação para enfrentar esses riscos?"

Capítulo 4

1. Konstantin Richter, "The House of Siemens," http://www.wsj. online.com/; e Richard Milne, "Siemens Prepares for Its Cultural Revolution," *Financial Times* (Londres), 2 de Outubro de 2007 (novo CEO: "retirar poder aos países"). A Siemens comunicou publicamente a possibilidade de dois mil milhões de dólares em pagamentos indevidos; ajustamentos fiscais para deduções inadequadas de centenas de milhões; e investigações relacionadas em vários países por todo o mundo, a juntar à Alemanha e aos Estados Unidos. David Crawford e Mike Esterl, "Siemens Ruling Details Bribery Across the Globe," *Wall Street Journal*, 16 de Novembro de 2007.

2. Isto é medido por negócio (por exemplo, a GE Aircraft Engines, de 2005 a 2007, reduziu terceiros em mais de 50 por cento) e por

regiões (reduções percentuais em terceiros durante um período comparável foram, por exemplo, 22 por cento na China, 29 por cento no resto do Sudeste Asiático, 37 por cento na Coreia, 10 por cento em África e no Médio Oriente e 23 por cento na América Latina).

3. James Mulvenon, "Breaching the Great Firewall? Beijing's Internet Censorship Policies and U.S.-China Relations", em *The China Balance Sheet in 2007 and Beyond*, eds. C. Fred Bergsten *et al.* (Washington, DC: Center for Strategic and International Studies/ Peterson Institute for International Economics, 2007). Ver também Corey Boles, Don Clark e Pui-Wing Tam, "Yahoo's Lashing Highlights Risks of China Market," *Wall Street Journal*, 7 de Novembro de 2007 (uma empresa de Internet fornece às autoridades chinesas informação privada sobre um utilizador que acaba por ser preso).

4. Joseph Treaster, "Broker Accused of Rigging Bids for Insurance," *New York Times*, 15 de Outubro de 2004; e Alan Murray, *Revolt in the Boardroom: The New Rules of Power in Corporate America* (Nova Iorque: Collins, 2007), 47-54.

5. "The Evolving Role of General Counsel: Meeting the Crisis," *National Law Journal*, Fevereiro de 2007 (discussão em mesa redonda, incluindo o director do departamento jurídico seguinte da MarshMac, sobre as causas e curas das crises da empresa).

6. Ver Lynn Sharp Paine, *Value Shift: Why Companies Must Merge Social and Financial Imperatives to Achieve Superior Performance* (Nova Iorque: McGraw-Hill, 2003), para discussões sobre comunicação demorada nas controvérsias da Ford/Bridgestone, Beech-Nut e Salomon Brothers. Para uma rápida pesquisa sobre problemas empresariais semelhantes durante os passados 30 anos, ver Robert Gandossy e Jeffrey Sonnenfeld, eds., *Leadership and Governance from the Inside Out* (Nova Iorque: John Wiley & Sons, Inc., 2004), xi-xxi.

7. Ver, por exemplo, Ronald J. Alsop, *The 18 Immutable Laws of Corporate Reputation: Creating, Protecting, and Reparing Your Most Valuable Asset* (Nova Iorque: Wall Street Journal Books, 2004), 222-225.

8. Dez anos depois, a alegada contraparte, a DeBeers Centenary, apresentou uma declaração de culpa relativamente a um processo criminal de acusação de conspiração para restringir o comércio e pagou uma multa de dez milhões de dólares. O breve acordo de reconhecimento de culpa não incluía quaisquer detalhes factuais de apoio. Devido a questões *antitrust* que datavam desde a Segunda Guerra Mundial, a DeBeers tinha-se recusado, durante meio século, a ter uma presença física nos Estados Unidos e a submeter-se à jurisdição dos tribunais norte-americanos. Consequentemente, os seus representantes não podiam entrar nos Estados Unidos e a empresa tinha de vender nos EUA através de intermediários. De acordo com relatos da imprensa, a DeBeers tinha mudado de estratégia e decidiu abrir unidades de retalho nos Estados Unidos na altura em que entrou com o acordo de reconhecimento de culpa. Margaret Webb Pressler, "DeBeers Pleads to Price-Fixing: Firm Pays $10 million; Can Fully Reenter U.S.," *Washington Post*, 14 de Julho de 2004. ("Especialistas da indústria dizem que a empresa pode ter chegado a acordo porque era demasiado arriscado ficar fora do mercado norte-americano numa altura em que estavam a emergir muitas novas fontes de diamantes.")

9. Elizabeth Economy e Kenneth Lieberthal, "Scorched Earth: Will Environmental Risks in China Overwhelm Its Opportunities?" *Harvard Business Review*, Junho de 2007, 92.

10. Ver Ben W. Heineman Jr., "Hands Across the Water: GE Crafted a 'Foreign Policy' for Doing Business Abroad. Should Your Company Have One Too?" *Corporate Counsel*, Outubro de 2006.

11. A China está a escrever leis quase tão rapidamente quanto o crescimento da sua economia. A GE teve de desenvolver um sistema de rastreamento legislativo computadorizado por haver tantas propostas que tinham potencial impacto no negócio em áreas como trabalho, *antitrust*, impostos, *leasing* financeiro, *antidumping*, propriedade intelectual, energia, e ambiente. Se um negócio atribuía elevada prioridade a uma questão do país que não era partilhada pela equipa

desse país, os líderes da empresa tinham de conciliar a diferença para determinar o nível de esforço e de método da empresa para coordenar o esforço. Na China, no entanto, energia e ambiente estavam no topo da lista tanto para a GE Energy como para os líderes da China.

12. Ver, por exemplo, Michael E. Porter e Mark R. Kramer, "Strategy and Society: The Link Between Competitive Advantage and Corporate Social Responsibility," *Harvard Business Review*, Dezembro de 2006; *Investing in a Sustainable Future: GE 2007 Citizenship Report* (Fairfield, Connecticut: GE, 2007), 7 (carta de Immelt).

13. Ibid., *Investing*, 94.

14. Ben W. Heineman Jr. e Fritz Heimann, "The Long War Against Corruption," *Foreign Affairs*, Maio-Junho de 2006; e Ben W. Heineman Jr. e Fritz Heimann, "Arrested Development; The Fight Against International Corporate Bribery," *National Interest*, Novembro-Dezembro de 2007.

15. Eric Lipton e Louise Story, "Toy Makers Seek Standards for U.S. Safety," *New York Times*, 7 de Setembro de 2007; e Eric Lipton e Gardiner Harris, "In Turnaround, Industries Seek U.S. Regulations," *New York Times*, 16 de Setembro de 2007.

16. Robert G. Eccles, Scott C. Newquist e Roland Schatz, "Reputation and Its Risks," *Harvard Business Review*, Fevereiro de 2007, 104. Paul Argenti da Dartmouth's Tuck School é menos optimista relativamente à sensibilidade do CEO: "Por que motivo é tão fácil para os executivos pensar e planear o risco financeiro, mas ainda tão difícil entenderem que os riscos intangíveis para a reputação de uma empresa são bastante mais prováveis de destruir o valor para os accionistas?" "Special Report: Mastering Risk: The Challenge of Protecting Reputation," *Financial Times* (Londres), 30 de Setembro de 2005.

17. Alsop, *The 18 Immutable Laws of Corporate Reputation*, 11.

18. O accionista pode preocupar-se com a governação; o credor com um equilíbrio "justo" entre crescimento e estabilidade; o colaborador com salários e condições justos ou educação e formação; os

clientes com negociação justa, produtos com qualidade e integridade; os fornecedores com padrões justos para qualificação e avaliação; as comunidades locais com empregos e o ambiente.

19. Ver Porter e Kramer, "Strategy and Society," 81, para uma crítica sobre as metodologias utilizadas por variadas entidades que classificam as empresas.

20. Para acesso na *Web* ao Global Reporting Initiative (GRI), ver http://www.globalreporting.org/reportingframwork. Os princípios do GRI requerem que as empresas apresentem um equilíbrio entre o bom e o mau; mostrem comparações ao longo do tempo; e assegurem precisão e fiabilidade (os auditores aprovam factos em relatórios/ revisões da gestão de topo). Ver também Porter e Kramer, "Strategy and Society," 88 (o GRI "está rapidamente a tornar-se um padrão na comunicação da responsabilidade social da empresa").

21. Em meados de 2007, a GE declarou que estava a vender 45 tecnologias que simultaneamente melhoravam o desempenho operacional e melhoravam significativamente e de forma mensurável o desempenho ambiental do cliente de acordo com uma revisão económica do produto conduzida por um consultor externo. Ver *Investing in a Sustainable Future*, 44-49 (discussão sobre "ecomaginação"). O relatório também discute o cumprimento de uma ordem da EPA[*], datada de 2002, para a GE retirar os bifenilos policlorados (PCB) do rio Hudson (p.80), a questão ambiental mais controversa da empresa. A GE tinha argumentado fortemente contra essa ordem numa base de resultados (trazia mais prejuízos ambientais do que benefícios) e tinha tido a oposição igualmente forte dos ambientalistas do estado de Nova Iorque (trazia mais prejuízos ambientais do que benefícios). Apesar de a GE não ter recuado nesta posição impopular, assegurou estar a cumprir todas as ordens da EPA para produzir informação ou enviar comentários antes da decisão de 2002. E tem estado empenhada em cumprir todas as ordens materiais e processuais da EPA desde então.

---

[*] **N. T.** Sigla relativa a *Environmental Protection Agency*, a agência de protecção ambiental norte-americana.

Capítulo 5

1. Para a importância de um processo de desenvolvimento de gestão que se focaliza nas características necessárias num CEO, ver Joseph L. Bower, *The CEO Within: Why Inside-Outsiders Are the Key to Succession Planning* (Boston: Harvard Business School Press, 2007).

2. Ver *Agenda: The Week's News from Other Boardrooms*, 7 de Maio de 2007 ("Os conselhos ligam a compensação dos executivos de topo a metas de sustentabilidade em Duke, Baxter") e 20 de Agosto de 2007 ("Os conselhos ligam a compensação dos executivos de topo a objectivos de gestão de risco da empresa"), http://www.AgendaWeek.com/.

3. O problema mais difícil surge quando existe uma possível acção indevida no topo da empresa. Se não envolver o CEO mas envolver alguém que lhe reporta directamente ou uma pessoa próxima de alguém que lhe reporta directamente, então espera-se que o CEO, o CFO e o director do departamento jurídico tragam o assunto ao conselho de administração e, normalmente, recomendem uma investigação independente com recursos externos para evitar conflitos de interesses. Se o assunto envolver o CEO, uma investigação externa independente sob a supervisão do conselho de administração é uma necessidade.

Capítulo 6

1. A ligação produtiva entre uma cultura de integridade e um processo de negócios também tem uma dimensão de relações humanas. Por exemplo, o princípio da não discriminação não é só importante para oferecer a todos os colaboradores uma possibilidade de ascensão, mas para ajudar a recrutar mulheres de elevado talento que sofrem discriminações, por exemplo, na China ou no Japão. Enfatizar

a combinação dos compromissos financeiros com os compromissos de integridade pode ser uma expressão complementar dos valores fundamentais de honestidade, franqueza, justiça, seriedade e confiança. E uma cultura de desempenho com integridade pode levantar o moral e reforçar a lealdade e o compromisso dos colaboradores, situações descritas anteriormente na discussão sobre os benefícios.

2. Alguns dirão que é fácil para uma empresa gigante como a GE incorrer em custos para desempenho com integridade. O que acontece numa empresa pequena? Uma resposta breve é que os benefícios e os riscos são semelhantes. Ainda para mais, os benefícios de evitar o risco podem ser ainda maiores numa pequena empresa, porque uma falha grande pode arruiná-la. É provável que levar a integridade para as operações de negócios à medida que se desenvolvem envolva apenas uma fracção de custo da nova actividade e seja um investimento significativo no futuro, especialmente se o objectivo for ter sistemas e processos decentes, não excepcionais. Acresce que muitas pequenas e médias empresas estão ansiosas pelo pagamento quando são compradas por grandes empresas – mas com uma correcta *due diligence* pelo comprador, a pequena descobre que o acordo falha devido a problemas ou que há uma diminuição significativa no preço de compra. Finalmente, há a resposta simples de "basta olhar para o espelho": qual o seu tipo de pessoa e com que tipo de empresa quer estar associado? É difícil criar uma cultura de valores pessoais assumidos pelas empresas - honestidade, franqueza, justiça, seriedade e confiança – quando a liderança é indiferente – ou entra em conflito – à adesão às regras financeiras e jurídicas formais e ao estabelecimento de padrões globais voluntários que respeitem as preocupações dos *stakeholders*. Tenho a certeza de que há questões a serem ponderadas nas empresas mais pequenas. Mas acredito que os princípios e práticas de base, discutidos neste livro, são reproduzíveis em empresas de todas as dimensões.

AGRADECIMENTOS E DEDICATÓRIA

Os meus amigos e colegas na GE ensinaram-me muito durante os meus anos na empresa. Não posso agradecer a todos pelo nome. Mas é óbvio que Jack Welch e Jeff Immelt tornaram isto possível – e ensinaram-me muito acerca do significado de liderança. Um agradecimento especial aos CFO Dennis Dammerman e Keith Sherin, ao responsável de recursos humanos Bill Conaty, ao director do departamento de informação Gary Reiner, a todos os responsáveis das equipas de auditoria principais durante o meu mandato (incluindo Charlene Begley, Dave Calhoun e John Rice) e a todos os meus extraordinários parceiros na GE Legal, incluindo Zoe Baird, Chris Barecca, Nancy Barton, Frank Blake, Ted Boehm, Raymond Burse, Rick Cotton, Pam Daley, Barbara Daniele, Brackett Denniston, Ugo Draetta, Mark Elborne, Ivan Fong, Mike Gadbaw, Scott Gilbert, Ralph Gonzalez, Kathy Harris, Suzanne Hawkins, Bob Healing, Henry Hubschman, Bruce Hunter, Rick Jackson, Art Joyce, Jeff Kindler, Burt Kloster, Phil Lacovara, Liz Lanier, Jay Lapin, Elizabeth Lee, David Lloyd, Bill Lytton, Steve Maloy, Mike McAlevey, Liam McCollum, Paul McElhiney, Keith Morgan, Keith Newman, Mark Nordstrom, Happy Perkins, Steve Ramsey, Leon Roday, John Samuels, Bob Sloan, Maura Smith, Peter Solmssen, Nick Spaeth, Ron Stern e Larry Tu.

Estou extremamente agradecido pelos comentários pertinentes das seguintes pessoas que leram esboços do manuscrito: Joe Bower, Bob Eccles, Ben Heineman Sr., Michael Hershman, Shelly Lazarus, Joshua Margolis, Ken Meyer, Ira Millstein, Joe Nye, Lynn Paine, Bill Perlstein, Gary Sheffer, Bob Swieringa, Noel Tichy e Sandy Warner. Este livro nasceu de um artigo publicado na *Harvard Business Review* e apreciei profundamente a orientação dos editores Karen Dillon e Ben Gerson. Estou especialmente em dívida para com Hollis Heimbouch e Jeff Kehoe da Harvard Business Press, pelo seu apoio e visão, e a Jeff e Jeff Cruikshank por serem editores excepcionais.

A minha mulher, Cristine Russell, é uma jornalista e editora brilhante, uma pessoa forte, dedicada e que me deu muito apoio. Não há palavras que descrevam a minha profunda confiança no seu entusiasmo e sabedoria.

***

Este livro é para ela, para os meus filhos, Zach e Matt, e para os meus pais, mentores e modelos a seguir ao longo de mais de seis décadas.

SOBRE O AUTOR

Ben W. Heineman Jr. foi *senior vice president*/director do departamento jurídico da GE, entre 1987 e 2003, e *senior vice president* para questões jurídicas e negócios públicos desde 2004 até à sua reforma no final de 2005. É actualmente *senior fellow* no Belfer Center for Science and International Affairs na Harvard Kennedy School of Government e *distinguished senior fellow* do Programa Jurídico da Harvard Law School. Bolsista da Universidade de Oxford, editor executivo do *Yale Law Journal* e assessor do Juiz do Supremo Tribunal, Potter Stewart, Heineman foi também secretário-adjunto para as políticas do Department of Health, Education and Welfare[*] e foi advogado de Direito Constitucional no escritório de advocacia Sidley Austin, antes de entrar para a GE. É autor de livros sobre relações inter-raciais na Grã-Bretanha e a presidência norte-americana, e escreve habitualmente sobre negócios, Direito e assuntos internacionais. É membro da American Academy of Arts and Sciences e pertence ao conselho de administração do Memorial Cancer Center, do Center of Strategic and International Studies, do National Constitution Center e da Transparency International – USA.

---

[*] **N. T.** Equivalente a Ministério da Saúde, Educação e Segurança Social.